Doctrines sociales

et

Science économique

DU MÊME AUTEUR

Proudhonisme et Syndicalisme révolutionnaire. 1 volume in-8° de xx-422 pages. Paris, Rousseau, 1910 (épuisé).

Les Doctrines économiques en France depuis 1870. 1 volume in-16 de 204 pages. Paris, Collection Armand Colin, 1925.

Georges Sorel (1847-1922). 1 volume in-12 de 67 pages. Collection *Études sur le Devenir social*, volume XXII. Paris, Rivière, 1927.

Gaëtan PIROU

PROFESSEUR A LA FACULTÉ DE DROIT DE L'UNIVERSITÉ DE PARIS

Doctrines sociales

et

Science économique

Science économique et socialisme.
Science et doctrines économiques.
Nouveaux aspects du coopératisme.
L'état actuel de la science économique en France.
Fondement de la valeur et lois de l'échange.
M. Pantaleoni et la théorie économique.

LIBRAIRIE
DU
RECUEIL SIREY
(SOCIÉTÉ ANONYME)
22, Rue Soufflot, PARIS, 5e

1929

BORDEAUX. — IMPRIMERIE CADORET

3, PLACE SAINT-CHRISTOLY 3,

1929-14.672

PRÉFACE

PRÉFACE

On trouvera réunies dans ce volume quelques études où est examiné, sous des angles divers, le problème des rapports entre la science économique et les doctrines sociales. En présence des faits sociaux, l'homme peut prendre deux attitudes : celle du savant, celle du moraliste ou du politique. Dans le premier cas, il s'attache à connaître la réalité présente et passée, à en démonter les rouages, à en analyser le mécanisme. Dans le second cas, il porte sur cette réalité une appréciation, et, éventuellement, il se demande par quels moyens pourrait être réformé, sur les points où il est défectueux, le régime économique existant, quels pourraient être les principes et les grandes lignes d'un régime supérieur. Que ces deux attitudes soient l'une et l'autre légitimes, personne sans doute ne songe à le contester, mais il y a lieu de rechercher si, comme certains le pensent, il existe une liaison entre la science et telle ou telle doctrine, si, parmi les doctrines qui s'affrontent et se heurtent, il en est une qui mérite d'être appelée scientifique, parce que seule en accord avec les lois économiques, telles que l'étude impartiale de la réalité permet de les formuler. Deux doctrines, — à tous autres égards opposées, — le libéralisme et le marxisme, se rencontrent pour affirmer l'existence d'une liaison de ce genre. Nous essaierons de montrer plus loin (1re part., chap. II, I) qu'elles n'y parviennent pas. La vérité nous paraît être que science et doctrines se déroulent sur des plans différents et que les doctrines ne sont jamais le simple prolongement, dans l'avenir, de la courbe de l'évolution, ou la déduction obligatoire des enseignements de la science.

I

Prenons l'exemple du socialisme. On y peut découvrir, à l'analyse, trois éléments principaux : le sentiment égalitaire, l'intérêt prolétarien, le relativisme économique. Quelle que soit la technique de reconstruction sociale qu'ils proposent, tous les systèmes socialistes visent à une plus grande égalité des conditions, et donc reposent sur le sentiment de justice. Les adhésions que recrute le socialisme dans les milieux non ouvriers lui viennent de ce premier caractère. Mais il risquerait de demeurer une thèse d'école s'il ne s'appuyait, en outre, sur la volonté des masses ouvrières, qui estiment, à tort ou à raison, qu'en régime socialiste leur condition matérielle et morale serait sensiblement améliorée. Enfin, le socialisme moderne s'alimente d'un troisième ordre de considérations, celles-là plus proprement scientifiques : il implique la conviction que le capitalisme n'est qu'une catégorie historique dont la fin est proche et dont le remplacement par le collectivisme est préparé par l'évolution économique dont nous sommes les témoins. Dans le marxisme, ce troisième élément est en apparence prédominant. En réalité, le succès du marxisme, en tant que système socialiste, vient surtout de ce qu'il apporte aux masses ouvrières la démonstration de la légitimité de leurs revendications, avec l'espérance précieuse d'un succès prochain. De ce point de vue, certaines thèses marxistes, en grande partie erronées, telles que la théorie de la valeur travail ou de la plus-value, sont historiquement et socialement aussi importantes que la théorie, en grande partie vraie, du matérialisme historique. Comme l'a montré

Georges Sorel (1), par sa distinction entre le mythe et l'utopie, une doctrine scientifiquement médiocre peut être historiquement féconde; une anticipation inexacte du futur peut être une image motrice efficace. Si on adopte ce point de vue, on aboutit à considérer dans le socialisme comme assez secondaire la technique de reconstruction, et par suite s'efface la contradiction entre le socialisme et la science économique que M. Aftalion a voulu mettre en lumière dans un ouvrage d'ailleurs remarquable auquel est consacrée la première étude du présent livre (1re part., chap. I).

Une analyse analogue appliquée au libéralisme y découvrirait également trois éléments principaux : le sentiment individualiste, l'intérêt capitaliste, l'expérience économique. Sans nier que la technique de la doctrine libérale fait état d'un ensemble de faits observés et de liaisons mises au jour par la science, donc vrais, au moins dans certaines limites de temps et d'espace, il faut, croyons-nous, considérer que les destinées présentes et futures du libéralisme dépendent surtout des intérêts qu'il représente et des sentiments qu'il traduit. Le désir d'agir librement, sans contrainte, de n'être pas assimilés à des automates ou à des numéros matricules, explique pour une part l'attachement que conservent beaucoup de nos contemporains pour un régime social où sinon tous, du moins beaucoup, peuvent courir leurs chances et, en cas de réussite, garder pour eux les fruits du succès. Et la puissance du libéralisme vient aussi de ce que, dans le monde d'aujourd'hui, le capitalisme privé, la bourgeoisie d'affaires, le monde de la grande industrie et de la banque, gardent une vitalité qu'il serait puéril de sous-estimer. Cependant, le libéralisme a perdu du terrain et paraît appelé à en perdre davantage encore, parce que,

(1) Cf. G. Pirou, *Georges Sorel, Etudes sur le devenir social*, vol. XXII, Rivière, 1927.

dans notre vie sociale moderne, s'accroît de plus en plus l'influence politique et sociale de ceux qui ne possèdent rien ou qui possèdent peu, qui vivent de leur travail, qui ont finalement plus à gagner qu'à perdre (ou qui du moins le croient) à une diminution de la sphère des activités libres au profit de celle de l'action publique.

*
* *

Pour qui admet cette interprétation des doctrines sociales, il s'ensuit qu'elles ne sont qu'accessoirement « œuvre de science ». Mais le pont qui est par là même coupé entre science et doctrines peut être reconstruit sur d'autres bases. L'apparition d'une doctrine, son essor, ses succès et ses échecs ne résultent pas du hasard. Si l'on pense qu'il y a un déterminisme social, les doctrines économiques doivent, comme tous les faits sociaux, pouvoir être « objet de science ». Nous plaçant sur ce terrain, nous avons essayé (1re part., chap. II, II) d'indiquer l'influence exercée par l'évolution économique, politique, philosophique sur les doctrines françaises contemporaines. Puis, nous attachant plus particulièrement à l'une d'entre elles, le coopératisme, nous avons tâché de montrer comment ses progrès au cours du dernier quart de siècle ont été, dans une large mesure, la conséquence des transformations du milieu (1re part., chap. III).

L'étude des doctrines prises comme objet de science conduit d'ailleurs, nous semble-t-il, à des conclusions qui se recoupent avec celles que nous avons précédemment esquissées. Les transformations du milieu et les progrès de la science économique influent sur la part de technique que comporte chaque doctrine. Mais ce n'est jamais là qu'un aspect des choses secondaire. Les grands événements de l'histoire des doctrines, apparition de doctrines nouvelles, disparition de doctrines longtemps réputées, pénétration dans les faits de doctrines demeurées jusque-là systèmes théoriques, tirent leur origine de modifications dans l'intensité des croyances ou la puissance des intérêts en conflit. C'est ainsi que l'histoire sociale de ces dernières années en France nous paraît dominée par les scissions qui se sont produites au sein du parti socialiste jadis unifié et de la Confédération générale du travail. La force de cohésion et d'attaque des masses ouvrières en a été très sérieusement atteinte; la pénétration graduelle du socialisme dans la vie économique s'en est trouvée ralentie; les chances d'un bouleversement violent en ont été fort diminuées. Tout cela ne confirme-t-il pas notre thèse, que les doctrines doivent être étudiées non comme des vérités en formules, mais comme des forces en action.

II

Libérée de toute préoccupation doctrinale, limitée à la recherche des régularités qui se cachent sous l'apparent chaos des faits économiques, la science, de son côté, prend une physionomie un peu différente de celle qu'elle avait à l'époque classique. Son objet, sa méthode, ses conclusions générales, subissent, par contre-coup, certaines rectifications.

Son objet, d'abord. La science se donne pour but l'explication de la réalité économique. Or, dans nos sociétés actuelles, cette réalité inclut d'ores et déjà des fragments importants d'économie collective et publique, juxtaposés aux forces individuelles et privées, aujourd'hui encore prépondérantes. Ceux des économistes individualistes qui sont de bons observateurs n'ont pas manqué de s'en apercevoir. Mais, par suite d'une insuffisante séparation entre l'observation et l'appréciation, ils ont trop souvent considéré les faits d'économie collective et publique comme des manifestations pathologiques, que la science devait condamner en raison de leurs effets plutôt que de les expliquer d'après leurs causes. Et, dans la description du mécanisme économique que certains d'entre eux nous ont donnée, écartant comme secondaires ces faits qui heurtaient leurs préférences, ils ont maintenu à la base de leurs théories l'hypothèse de la libre concurrence. Seulement, comme l'évolution économique contemporaine multipliait de plus en plus les accrocs et les exceptions au régime de l'individualisme juridique, un fossé grandissant se creusait entre cette théorie économique, édifiée sur des fondements trop étroits, et une réalité qui, de plus en plus, les débordait. Une illustration frappante de l'impuissance de l'économie libérale à enserrer complètement le monde d'aujourd'hui dans les mailles de ses analyses nous est fournie par l'économiste italien M. Pantaléoni, dont l'œuvre scientifique, en dépit de son éminente valeur, ne nous apporte pas une explication satisfaisante des faits les plus significatifs de la vie économique contemporaine, parce qu'un parti pris passionné d'individualisme est venu fausser sa vision (2e part., chap. III).

Pour ce qui est de la méthode, il semble qu'une science économique soucieuse uniquement de connaître et d'expliquer la réalité doit adopter la méthodologie des autres sciences positives. Tandis que le raisonnement et la déduction, à partir de notions philosophiques, morales ou de simple bon sens, sont naturellement à leur place dans une doctrine qui s'applique à construire un système idéal, le travail proprement scientifique, en économie politique comme en physique, en chimie, en biologie, doit prendre comme point de départ l'observation, comme point d'arrivée la confrontation avec les faits. Il est vrai que, pour repousser l'application de cette méthode positive aux sciences sociales, beaucoup d'économistes ont objecté qu'en raison de la complexité extrême des faits sociaux, et de l'impossibilité de l'expérimentation, une étude directe du réel traité par les procédés d'induction baconienne ne permettrait pas d'en dégager les lois. Mais cette objection nous paraît pouvoir être écartée, et le conflit des méthodes, par là même, pouvoir être résolu en faveur de la méthode positive, si, jugeant l'arbre à ses fruits, on confronte les résultats obtenus à l'aide de l'une et de l'autre méthode au cours des cinquante dernières années. Cette confrontation, pour être tout à fait décisive, impliquerait que l'on dressât un tableau de l'évolution de la théorie économique dans le monde, de 1870 à l'heure actuelle. A défaut de ce tableau, on trouvera ici (2e part., chap. 1er), une rapide esquisse de l'état actuel de la science économique en France. Nous avons été amené à borner cette étude à notre pays, pour des raisons qui tiennent aux conditions dans lesquelles elle a été écrite, et que nous indiquerons par la suite. Assurément, s'agissant de la science, qui doit être, et qui est, effectivement, de plus en plus internationale, une telle limitation a quelque chose d'un peu arbitraire. Pour les doctrines sociales, où se reflètent les tempéraments et les passions, il n'est pas rare que le cadre national soit parfaitement approprié et que, d'un pays à l'autre, une même tendance générale se traduise par des doctrines assez notablement distinctes. En matière scientifique, les diversités nationales sont beaucoup moindres, et il nous paraît qu'il y a quelque artifice à distinguer, par exemple, pour la théorie de la valeur et des prix, une école française et une école anglaise (2e part., chap. II). Il n'en reste pas moins que la psychologie nationale, même là, peut laisser une empreinte qui donne aux théories des économistes d'une nation donnée une certaine unité d'esprit. Nous nous sommes efforcé de rechercher en quoi pouvait consister cette unité. Mais cela ne nous a pas voilé les graves divergences qui, à bien des égards et sur bien des points, subsistent entre les économistes français. En ce qui nous concerne, quels que soient l'originalité et l'intérêt d'œuvres comme celle de Ch. Bodin ou de

Ch. Turgeon, nous estimons que ceux qui, comme Ch. Rist, A. Aftalion, F. Simiand, circonscrivent très précisément l'objet de leurs recherches, et y appliquent les ressources modernes de la technique statistique, font faire en définitive à la science un progrès plus sensible.

Fragmentaires par définition, ces contributions positives de la science économique française récente, comme celles obtenues par la même méthode à l'étranger, ne sont pas assez étendues encore pour se rejoindre en une synthèse. Peut-être, toutefois, peut-on d'ores et déjà apercevoir dans le lointain les grandes lignes de l'édifice. Nous sommes porté à penser, — contrairement à ce que s'imaginent souvent les adeptes de la méthode positive, — que la science économique reconstruite par leur patient labeur ne sera pas radicalement différente de celle que les classiques, dans un effort hardi de déduction, avaient élaborée. Quand, dans la seconde moitié du XIXe siècle, sous les coups conjugués du socialisme, de l'historisme, du nationalisme, le corps des théories classiques a paru chanceler, on a pu croire que le relativisme économique allait triompher sans réserve. Aujourd'hui, avec plus de recul, nous comprenons qu'il y a dans la vie économique à la fois du permanent et du variable, et que la vérité est dans une conciliation de l'esprit classique, qui s'attachait à découvrir les relations constantes entre les faits, et de l'esprit historique, qui met l'accent sur leurs diversités dans le temps et l'espace. Il en sera sans doute de même quand, plus tard, on pourra apprécier avec sérénité les travaux des économistes statisticiens, comme F. Simiand, ou anti-classiques, comme B. Nogaro. Leurs analyses s'intégreront utilement dans le corps des théories traditionnelles et néo-classiques. Elles les compléteront heureusement. Elles corrigeront ce qu'il y avait chez leurs prédécesseurs de trop rigide, d'insuffisamment psychologique ou sociologique. Nous ne pensons pas qu'elles en détruisent l'essentiel.

On aperçoit sans doute maintenant l'intérêt que présente une séparation très nette entre la science économique et les doctrines sociales. Grâce à elle, les doctrines apparaissent sous leur vrai jour. Leur substratum profond s'éclaire. On peut mesurer leurs perspectives de succès avec plus de chance de ne pas être démenti par les événements. Et la science, à l'abri désormais des conflits d'intérêts et des déformations passionnelles, offre un terrain où peuvent se rencontrer les travailleurs de bonne volonté, à quelque classe qu'ils appartiennent, de quelque point de l'horizon politique ou social qu'ils viennent, sous la seule condition qu'ils laissent à la porte leurs préférences philosophiques, religieuses, sentimentales, et qu'ils acceptent de se plier aux exigences rigoureuses d'une discipline scientifique (1).

(1) « ... Comme je pensais que j'avais adopté mes idées politiques et philosophiques non point parce que je les trouvais justes, mais parce que je les trouvais agréables, je m'épargnai assez vite l'effort de me les justifier (notamment par ces longues enquêtes auprès de l'histoire ou de la nature). D'où ce double avantage que, d'une part, j'eus de mes idées une jouissance bien moins tourmentée et bien plus immédiate; et que, d'autre part, regardant l'histoire et la nature sans y chercher la justification de mes idées (puisque je les aimais sans cela), je les regardai bien plus librement. » (Julien Benda, *Mon premier testament*, p. 53-54.)

PREMIÈRE PARTIE

CHAPITRE PREMIER

SCIENCE ECONOMIQUE ET SOCIALISME

L'étude impartiale, objective, positive de la vie économique contemporaine doit-elle fatalement conduire à prendre position contre le socialisme ?

Il y a un siècle, les économistes eussent été à peu près unanimes à répondre par l'affirmative, et aujourd'hui encore, ceux qui se rattachent à l'école libérale affirment qu'il y a antinomie entre l'économie politique et le socialisme; que, plus on se familiarise avec le mécanisme de la valeur et des prix, plus on se convainc que, de tous les régimes possibles, celui qui assure la production la plus abondante et la mieux adaptée aux besoins sociaux c'est celui qui réduit au minimum le rôle économique de l'Etat, se fiant à l'harmonie spontanée des activités et des intérêts individuels; que, dès lors, l'économiste est en droit d'opposer une fin de non-recevoir aux solutions socialistes et interventionnistes.

Mais, tandis que se maintenait, absolue et tranchante, la condamnation du socialisme par l'école libérale, la vie économique se modifiait graduellement, et il semble qu'à certains égards elle s'écartait de l'individualisme pour se rapprocher du socialisme. Depuis un demi-siècle, producteurs et consommateurs, patrons et ouvriers, ont appris à se servir de l'action collective, à restreindre par elle la concurrence, à subordonner à des règles communes les tractations entre individus, et la liberté des entreprises privées s'est trouvée limitée, et en quelque sorte grignotée, par l'extension croissante de la réglementation légale des conditions du travail et des échanges. Qu'on approuve ou qu'on réprouve cette évolution, elle est un fait dont l'existence ne saurait être mise en doute, et il s'ensuit que l'individualisme ne peut plus être donné par ses partisans comme exprimant la réalité économique dressée devant l'utopie socialiste. Les économistes sont aujourd'hui nombreux qui, en tous pays, estiment que l'on peut considérer l'individualisme comme une catégorie historique, utile à son heure, maintenant dépassée. Et parfois, les théoriciens les plus fermes de l'économie libérale comprennent que le développement de l'économie collective et publique, qu'ils déplorent, est la résultante nécessaire de la concentration et de la démocratie, que l'on ne pourrait par conséquent remonter le courant qu'en s'attelant à la tâche, surhumaine sans doute, d'un retour aux formes économiques et politiques de l'Ancien Régime, au petit métier et à la monarchie absolue.

De ce que l'individualisme n'est plus que la vérité d'hier, s'ensuit-il que le socialisme soit la vérité de demain ?

A supposer acquise l'évolution économique récente, il reste à savoir si cette évolution se continuera sur le terrain démocratique, réformiste, où elle s'est jusqu'ici déroulée, ou si elle ira jusqu'à un changement du mode même d'appropriation, qui mettrait à la place de la propriété individuelle la propriété sociale des moyens de production, ce qui implique une véritable révolution.

Réforme ou révolution ? Propriété privée ou propriété sociale ? Voilà, semble-t-il, aujourd'hui, le véritable champ d'hésitation et d'option beaucoup plutôt que l'ancien et classique débat entre le libéralisme et le socialisme.

Quelles lumières, ici, la science économique moderne va-t-elle nous apporter ?

Deux économistes, en France, l'ont recherché : M. Maurice Bourguin, dans un livre célèbre paru en 1904 (1), M. Albert Aftalion, dans une étude récente, nourrie, forte, et qui mérite de devenir classique (2). L'un et l'autre se prononcent contre le socialisme, mais les deux jugements, à y regarder d'un peu près, ne se motivent point en des termes identiques, et la comparaison de ces deux œuvres est extrêmement instructive pour qui veut comprendre le mouvement des faits et des idées, l'évolution de l'économie politique et du socialisme depuis le début du xxe siècle.

M. Bourguin avait donné à sa critique du socialisme deux articulations essentielles. D'une part, examinant les principaux types de société future esquissés à la fin du XIXe siècle en France et à l'étranger, il s'était efforcé d'établir qu'aucun d'eux ne serait en mesure d'assurer l'équilibre de la production et des besoins. Puis, passant du point de vue statique au point de vue dynamique, M. Bourguin s'était attaqué à la thèse centrale du socialisme scientifique, d'après laquelle l'évolution économique moderne, par la concentration croissante des richesses, la prolétarisation croissante des masses, l'acuité croissante des crises, achemine fatalement nos sociétés vers l'effondrement du capitalisme et le triomphe du collectivisme. Et, au cours d'un exposé magistral, l'auteur s'était attaché à montrer que, sans doute, dans nos sociétés d'aujourd'hui, se développent de plus en plus les for-

(1) Maurice BOURGUIN, *Les systèmes socialistes et l'évolution économique*, Armand Colin, éditeur.

(2) Albert AFTALION, *Les fondements du socialisme*, Rivière, éditeur, 1922.

mes collectives et publiques d'action économique, et que, dans la société de demain, le régime de la production et de la répartition des richesses devra s'adapter aux exigences et aux capacités accrues des masses ouvrières, mais que cette évolution mériterait beaucoup plutôt d'être appelée « démocratique » que proprement « socialiste », et il concluait que rien ne permet d'induire, de l'étude du mouvement économique moderne, la suppression prochaine de l'entreprise privée et du salariat, la transformation générale du mode de propriété des instruments de production.

De ces deux démonstrations successives il en est une, la seconde, que M. Aftalion laisse complètement de côté. Valable peut-être contre le marxisme orthodoxe, elle lui paraît ne pas porter contre les formes les plus récentes de la pensée socialiste. Le syndicalisme révolutionnaire français ou le bolchevisme russe ne prétendent plus, en effet, que le régime socialiste sera la conséquence inéluctable des transformations économiques présentes; ils ne donnent plus la révolution comme l'aboutissant nécessaire d'une évolution dont nous serions les spectateurs passifs. Dans le déclenchement du socialisme, pour eux, la volonté des hommes peut, et doit, jouer un rôle à côté de la fatalité des choses.

Dès lors, nous avons à rechercher non plus simplement si le cours des événements nous porte au collectivisme, mais si nous lui donnerons personnellement notre adhésion. Et, pour nous décider, — en tant du moins que nous ne reconnaissons d'autre guide que le souci de la justice et de l'intérêt général, — il nous faut savoir si le socialisme est supérieur, économiquement et moralement, au capitalisme. C'est ce problème que M. Aftalion va examiner; c'est ce problème aussi que M. Bourguin, dans la première partie de son livre, avait étudié, mais il n'avait pas utilisé à cette fin les théories subtiles de la valeur qu'ont développées récemment les économistes autrichiens et américains. M. Aftalion va les prendre comme l'expression même de la science économique, et c'est en fonction d'elles qu'il va apprécier le socialisme.

Comment se déroule la confrontation ? Il n'est pas, à la vérité, aisé d'en présenter un résumé succinct, tant est serré le réseau de l'argumentation, et l'on risque fort, à en vouloir prendre une image réduite, de ne recueillir qu'une caricature déformée. Essayons cependant de dégager les idées maîtresses, sans prétention de dispenser d'une lecture directe du livre. Nous présenterons ensuite quelques remarques critiques, qui viseront à atténuer la rigueur de la conclusion antisocialiste à laquelle, au terme de son examen, M. Aftalion aboutit.

I. — La thèse de M. Aftalion.

Le socialisme, dans sa partie négative, c'est essentiellement la critique des prélèvements capitalistes, en donnant au mot capitaliste un sens large qui permette d'y faire rentrer tous les revenus non ouvriers, tous ceux qui ne sont pas la contre-partie d'un apport actuel en travail. Le socialisme, en d'autres termes, c'est l'affirmation que propriétaires, patrons, entrepreneurs vivent de revenus non gagnés.

Par qui, en bonne justice, ces revenus devraient-ils être perçus ?

Dans une première forme, simpliste et populaire, on répond : ces prélèvements capitalistes sont effectués sur le produit du travail de l'ouvrier et lui enlèvent une part de la valeur créée par lui. C'est donc aux ouvriers que les revenus actuels des capitalistes devraient faire retour; ainsi seulement l'ouvrier recevrait l'exact équivalent de la valeur dont la société lui est redevable et la contrepartie intégrale de son travail. Dans une seconde forme, plus élaborée, plus savante, on déclare que les ouvriers n'ont pas plus de droits que les propriétaires ou entrepreneurs aux revenus capitalistes, et que la collectivité seule est fondée à en réclamer l'attribution. Suivant qu'on adopte l'une ou l'autre thèse, on est amené à concevoir d'une manière très différente l'organisation éventuelle de la société socialiste : il est donc nécessaire de les examiner séparément et successivement.

A. — Les revenus capitalistes doivent-ils faire retour aux ouvriers ?

Pour qui estime vraie la théorie marxiste de la valeur, l'affirmative s'impose. Si, véritablement, la valeur des choses se fonde et se mesure sur le travail incorporé en elles, toute la valeur du produit qui sort de l'atelier ou de l'usine est imputable aux ouvriers qui ont collaboré à sa fabrication : donc cette valeur leur doit intégralement revenir. Tout prélèvement effectué sur elle par d'autres que les ouvriers est contraire à l'équité et constitue à leur égard une spoliation. Mais ce raisonnement ne vaut que ce que vaut son point de départ, et comme la théorie de la valeur-travail est aujourd'hui rejetée par la science économique, nous n'avons pas à nous y attarder longtemps. Puisque nous recherchons si le socialisme se peut accorder avec les théories économiques contemporaines, c'est à l'épreuve de la théorie de la valeur-utilité, très généralement admise par les économistes, qu'il convient de soumettre la thèse d'après laquelle les revenus capitalistes représentent une exploitation des ouvriers. Cette théorie de la valeur-utilité, sous la forme perfectionnée que les économistes autrichiens et américains lui ont donnée, va nous permettre de dissocier, dans le produit fabriqué, la part respectivement imputable aux divers facteurs de la production : travail d'exécution, travail de direction, terre, capital. Les économistes, jusqu'alors, n'avaient pas réussi à le faire parce qu'ils avaient cherché à mesurer directement la productivité globale de chaque facteur de la production : ils se heurtaient à une difficulté insurmontable, qui venait de ce que, dans l'organisation économique moderne, les éléments de la production sont si étroitement entremêlés et enchevêtrés qu'il n'est point possible de faire le départ de l'action propre de chacun d'eux. La théorie austro-américaine évite l'obstacle en le tournant par un biais ingénieux, sur lequel nous ne pouvons nous étendre, et dont nous nous bornerons à dire qu'il consiste à calculer la productivité d'une unité très petite de chaque facteur de la production pour passer ensuite, de cette productivité une fois connue, à celle de l'ensemble des unités mises en œuvre.

Par ce procédé, des lumières nouvelles sont jetées sur le mécanisme de l'intérêt, de la rente, du profit.

S'agit-il de la rente ? Constatant que, si l'on utilise une unité nouvelle de terre tandis que restent constantes les quantités de capital et de travail, on accroît d'une certaine quantité le produit, nous en pouvons conclure que le fondement de la valeur de la terre — et de la rémunération que celui qui la possède exige de celui qui l'utilise — est dans cette productivité physique et économique dont la méthode employée permet de prendre une mesure précise. La rente ne repose donc pas sur une exploitation de l'ouvrier, auquel le propriétaire du sol extorquerait une part de la valeur qui lui est imputable. Le Droit, que les socialistes rendaient responsable, n'est ici que le reflet de l'Economie. Ce n'est pas parce que la terre est appropriée privativement qu'on doit payer un péage à son propriétaire; c'est parce que la terre est productive que son propriétaire a la possibilité et le droit d'exiger de ceux à qui il la concède une rétribution, qui n'est que la contre-partie de la valeur que son usage va leur permettre d'obtenir.

S'agit-il du capital ? La théorie économique moderne

va également établir, d'une manière indiscutable, qu'une part du produit lui est imputable.

Les uns, avec Clark et Wieser, soutiennent qu'il y a une productivité du capital comme il y en a une de la terre, puisque l'utilisation du capital permet d'obtenir plus de produits et plus de valeur que si l'on s'était passé de son concours. D'autres, avec Bohm-Baverk, pensent que l'intérêt est indispensable pour compenser la différence entre la valeur actuelle qu'abandonne le propriétaire du capital, et la valeur moindre, parce que future, de la somme qui lui sera plus tard restituée. Nous n'avons pas à prendre parti dans cette controverse puisque, dans un cas comme dans l'autre, l'intérêt apparaît comme n'étant nullement un prélèvement illégitime sur la valeur créée par l'ouvrier : il n'est que la stricte contre-partie de la valeur qui est en propre imputable au capital, ou le complément nécessaire pour assurer l'équivalence entre l'apport du capitaliste et sa rémunération.

Pour l'intérêt donc, comme pour la rente, et l'on en pourrait dire autant du profit, c'était s'arrêter à une explication superficielle que de le considérer comme un prélèvement usuraire rendu possible par l'appropriation privée du sol et du capital. La cause profonde du prélèvement capitaliste n'est pas d'ordre juridique mais d'ordre économique. M. Aftalion, d'ailleurs, par une sorte de contre-épreuve, en donne une démonstration directe, qui confirme et complète son analyse du mécanisme économique actuel.

*
* *

Supposons le régime socialiste réalisé.

S'inspirant de la théorie d'après laquelle toute la valeur du produit doit revenir à l'ouvrier, l'Etat décrétera la suppression des revenus capitalistes. Mais il ne pourra longtemps se tenir à cette attitude, car des injustices flagrantes ne tarderont pas à se produire.

Raisonnons sur l'exemple le plus simple et le plus net, celui de la terre et de la rente : soit deux immeubles qui auront été édifiés sensiblement avec la même dépense de travail et de matériaux de construction, l'un au centre d'une agglomération, l'autre à la périphérie ou dans la campagne. Actuellement, le premier a une valeur très supérieure à celle du second; l'excédent représente la rente et est touché par le propriétaire du sol sur lequel l'immeuble a été édifié. Que va-t-il se passer une fois que, l'appropriation individuelle du sol ayant été supprimée, le socialisme se flattera d'avoir du même coup frappé de mort la rente foncière.

Maintiendra-t-on la différence dans les prix de vente et de location des deux immeubles, en faisant bénéficier du haut prix de l'immeuble bien situé les ouvriers qui l'auront édifié ? Il est évident que ce serait les avantager d'une manière illégitime par rapport à leurs camarades constructeurs du second immeuble, qui, ayant apporté la même somme d'efforts et de travail, méritent de recevoir une rétribution égale.

Conservera-t-on l'égalité des salaires et nivellera-t-on en conséquence les prix de vente et de location des deux immeubles ? L'injustice, écartée du côté des ouvriers, va apparaître du côté des consommateurs, et ceux qui habiteront l'immeuble éloigné du centre se trouveront lésés s'il leur faut payer le même loyer que les privilégiés, logés dans le centre.

Reste, il est vrai, une dernière solution. Que l'Etat continue de demander aux consommateurs des prix gradués d'après l'ensemble des avantages, situation comprise, que chaque logement comporte; qu'il remette aux ouvriers des salaires égaux pour des travaux identiques. Et qu'il garde dans ses caisses, pour l'affecter aux besoins de la collectivité, l'excédent des recettes sur les dépenses que lui fera réaliser la suppression des propriétaires et des rentes qu'ils prélèvent. Mais il est clair qu'en ce cas le socialisme n'aura point supprimé la rente, qu'il aura simplement transféré, des individus à la collectivité, le droit de la percevoir. Le bénéficiaire de la rente aura changé; la rente demeurera.

Ainsi, que l'on analyse ce qui se passe en régime capitaliste, que l'on se demande ce qui se passerait en régime socialiste, on arrive par l'une et l'autre voie à la même conclusion, qui est une réponse négative à la première question posée. Les revenus capitalistes ne sont pas prélevés sur la valeur que crée l'ouvrier; ils ne viennent pas en diminution de ce qui serait son juste salaire. Les revenus capitalistes ne sont pas une catégorie juridique dérivée du mode actuel d'appropriation, et destinée à disparaître avec elle. Ils représentent une nécessité économique, que le socialisme lui-même ne saurait impunément méconnaître.

Comprenons bien, toutefois, la portée exacte de cette double démonstration. Elle établit seulement ce que M. Aftalion appelle la « légitimité en soi » des revenus capitalistes. Ces revenus, elle les justifie, pourrait-on dire, objectivement, et non subjectivement : elle montre qu'ils ne peuvent pas ne pas exister; elle n'établit nullement qu'il est juste et nécessaire qu'ils aillent à ceux qui, présentement, en sont bénéficiaires. Et, par là, le socialisme va peut-être pouvoir trouver une voie de salut. Admettons, diront les socialistes, que nous soyons impuissants à faire disparaître les revenus capitalistes. Nous pouvons, du moins, les retirer à leurs titulaires pour les transférer à la collectivité. Et, précisément, l'appropriation sociale du sol et des capitaux réalisera ce transfert. L'ouvrier continuera à ne toucher qu'une fraction de la valeur du produit à la fabrication duquel il travaille, puisqu'aussi bien une fraction seulement de cette valeur, en bonne justice, lui revient; toute la part imputable au sol, au capital, sera comme aujourd'hui perçue par le propriétaire de ce sol et de ce capital. Mais ce propriétaire, ce sera désormais la collectivité tout entière. Bref, le socialisme, au lieu de se traduire par un accroissement de la rémunération des ouvriers, se traduira par un accroissement des ressources de la collectivité.

Ainsi rectifiée, la doctrine va-t-elle pouvoir se concilier avec les enseignements de la science économique contemporaine ?

B. — Les revenus capitalistes doivent-ils être attribués à la collectivité ?

Sous l'angle nouveau où maintenant nous nous plaçons, on peut invoquer en faveur du socialisme des arguments solides, qui ne sont plus en contradiction avec les théories modernes de la valeur et de la distribution, et qui même, en un certain sens, peuvent s'appuyer sur elles.

Il est incontestable que, fréquemment, le revenu du capitaliste ne correspond à aucun travail, à aucune activité effective, à aucun effort personnel : c'est ce qui se produit toutes les fois que le prélèvement capitaliste a le caractère économique d'une rente, par exemple dans le cas, que nous avons évoqué tout à l'heure, du propriétaire d'un terrain situé au centre d'une agglomération urbaine, dont la valeur croît parallèlement à l'importance de la ville. Et l'on sait que, déjà, l'immoralité de cette perception de plus-values souvent formidables par quelques propriétaires privilégiés irritait naguère le socialiste Henry George et avait été le thème d'une de ses plus célèbres diatribes. Non seulement la science économique moderne n'a rien détruit de cette argumentation, mais elle en a élargi le champ et la portée en donnant au concept de rente une extension imprévue, en montrant qu'il y a de la rente, — donc du revenu non gagné, — dans le profit même de l'entrepreneur pour toute la part, souvent importante, qui ne s'explique pas par la capacité personnelle du chef d'entreprise et qui tient à ce que la chance l'a aidé dans ses combinaisons, à ce que les conjonctures sociales lui ont été favorables. Ne peut-on pas dire même qu'en insistant sur le caractère social, collectif, de ces conjonctures, la science économique moderne nous incite à opérer le transfert de la rente à la société : génératrice de la rente, la société n'est-elle pas fondée à en réclamer pour elle le bénéfice (1) ?

Quant aux revenus capitalistes qui n'ont point le caractère d'une rente, la science économique montre bien sans doute, — si du moins on admet la thèse de Bohm-Bawerk, — que, faute de percevoir l'intérêt, le propriétaire du capital se trouverait injustement traité et recevrait moins qu'il ne donnerait. En ce sens, elle établit que le droit au capital doit entraîner nécessairement le droit à l'intérêt. Mais cette analyse ne justifie en aucune façon le droit au capital lui-même. Les propriétaires actuels ont-ils, sur ce point, des titres sérieux à nous présenter ? Pas toujours. Souvent l'exploitation, la spéculation, le vol, sont à l'origine des fortunes capitalistes. Lors même que le capital n'a été vicié par aucune tare entre les mains de son propriétaire originel, l'institution de l'héritage ne tardera pas à faire disparaître cette initiale légitimité et fera passer le capital entre les mains d'individus qui n'auront peut-être rendu à la société aucun service. Nous pouvons donc affirmer qu'une grande partie des capitaux sont appropriés — et qu'une grande partie des revenus capitalistes sont perçus, — par des individus dont les titres sont extrêmement contestables, et, dès lors, la substitution de la collectivité à ces individus n'a rien, jusqu'ici, qui nous paraisse ni choquant

(1) Cf. Frezouls, *La théorie de la rente et son évolution récente*, thèse Montpellier, 1908; Byé, *Les lois des rendements non proportionnels*, thèse Lyon, 1928; P. Fromont, *La loi des rendements non proportionnels* (*Revue d'économie politique*, 1928, p. 1073 et s.).

au regard de la justice, ni contraire aux analyses de la science économique.

Mais nous n'avons pas encore fait le tour complet des données du problème. Il en est un aspect que nous avons jusqu'à maintenant négligé, et qui, d'après M. Aftalion, va singulièrement modifier les perspectives. Nous avons jusqu'ici implicitement admis que la socialisation des moyens de production serait avantageuse pour la collectivité, puisqu'elle lui permettrait de percevoir pour son propre compte les revenus actuellement attribués aux capitalistes privés. Pourtant, cela n'est vrai qu'à la condition que le changement du régime juridique n'ait pas de répercussion fâcheuse dans l'ordre proprement économique et que l'appropriation collective n'entraîne pas un fléchissement notable de la production, et par là une diminution de la richesse sociale. Or, précisément, il semble à M. Aftalion que ce fléchissement est fortement à craindre, parce que le personnel dirigeant ne serait plus intéressé directement à la prospérité et à la bonne gestion des entreprises, et aussi parce que la masse ouvrière ne manquerait pas d'exercer sur les pouvoirs publics une pression très forte, et sans doute efficace, dans le sens d'une réduction des heures de travail et de l'adoption d'un système de rémunération calculé en fonction des besoins, et non des efforts.

Mais surtout, l'infériorité essentielle du collectivisme va apparaître si, élargissant notre examen, nous prenons en considération l'intérêt des générations futures. D'une génération à l'autre, le patrimoine matériel de l'humanité s'accroît parce que, grâce à l'épargne, augmente le capital dont dispose la production. Le régime de la propriété privée s'est révélé, en fait, extrêmement favorable à la constitution de larges épargnes. La possibilité, pour tout individu, au lieu de consommer entièrement son revenu, d'en transformer une partie en un capital dont il tirera des intérêts périodiques, en attendant le jour où il en obtiendra le remboursement, le droit de transmettre à ses enfants et à ses proches le capital ainsi épargné, vont l'engager puissamment à renoncer, pour un temps, à une part du pouvoir d'achat dont il dispose et à le céder à des chefs d'entreprise, qui en useront pour monter leurs installations ou développer leur outillage. Ainsi, le capitaliste, tout en travaillant pour lui-même, puisqu'il accroît par le jeu des intérêts ses ressources futures ou celles de ses proches, travaille dans l'intérêt de la société tout entière, puisqu'il permet l'essor de ses forces productives. Son intérêt personnel, élargi au cercle de ses affections familiales, l'amène à consentir spontanément ce sacrifice du présent au futur, qui seul permet la transmission aux générations de l'avenir d'un patrimoine social accru. On voit que la racine et le secret de cette puissance d'épargne c'est la propriété privée et héréditaire. Elle risque donc de disparaître le jour où le mode d'appropriation serait devenu collectif, et l'on n'aperçoit pas qui, en régime collectiviste, remplirait à la place des capitalistes privés cette fonction du créateur d'épargne. Il est probable, dès lors, que les générations présentes, n'étant plus incitées à ménager l'avenir, emploieraient en consommations immédiates leurs revenus et leurs réserves, et transmettraient aux générations futures un patrimoine social amoindri, sinon dilapidé.

Enfin, l'esprit d'invention risque, lui aussi, d'être irrémédiablement compromis par le changement de régime. Aujourd'hui, les inventeurs sont stimulés et surexcités par l'appât du gain que peut leur apporter une découverte économiquement utile, dont ils auraient, pendant un certain temps, le monopole d'exploitation. En régime collectiviste, cette propriété industrielle devra disparaître comme les autres. Sans doute, on créera des services officiels d'invention; des aéropages d'experts y seront chargés d'éprouver les découvertes nouvelles et de récompenser éventuellement leurs auteurs; mais il est peu probable que cette organisation officielle réussisse à faire surgir les combinaisons techniques propres à améliorer le rendement des activités humaines et des forces naturelles. Et c'est une dernière raison de craindre que la venue du collectivisme ne porte aux générations futures un préjudice irréparable.

Conclurons-nous que l'appropriation collective des capitaux, supérieure à l'appropriation privée sur le terrain de la justice, lui est inférieure sur le terrain de la production ? Et faut-il dire qu'il y a ici conflit entre l'équité et l'intérêt général, entre le point de vue social et le point de vue économique ? — M. Aftalion rejette cette terminologie, et c'est une des originalités les plus remarquables de sa position. C'est au nom même de la justice que le socialisme lui paraît condamnable. S'il est avéré, en effet, que les non-propriétaires toucheront moins en régime collectiviste qu'ils ne touchent actuellement, n'en résulte-t-il pas qu'ils ne sont pas aujourd'hui véritablement lésés ? Ils reçoivent le maximum de ce à quoi ils peuvent prétendre. Ils n'auraient rien à gagner, ils perdraient même, à un changement de régime. La justice, si elle n'est pas idéalement satisfaite par le système actuel, le serait encore moins par le système proposé, et donc, ne prît-on qu'elle en considération, fût-on décidé à lui subordonner toutes préoccupations d'utilité, on serait encore amené à se prononcer contre le socialisme. Cette justice sociale, d'ailleurs, ne créé pas seulement des droits et des devoirs aux membres d'une même génération à l'égard les uns des autres. Si l'on veut que la justice règne entre tous les individus vivants à un moment donné du temps, on doit admettre qu'il faut qu'elle règne aussi d'une génération à l'autre, et que les droits et devoirs qu'elle engendre s'étendent aux relations des générations successives : chacune d'elles, bénéficiant de l'héritage accumulé par celles qui l'ont précédée, a le strict devoir de transmettre cet héritage à celles qui la suivent. En appliquant à la satisfaction de leur besoin tout le stock accumulé par leurs prédécesseurs et le produit de leur propre activité, les hommes d'une époque frustreraient donc leurs successeurs de ce qui leur revient légitimement, et le régime qui permettrait et favoriserait cette spoliation ne serait pas seulement une cause de régression économique. Il serait aussi un agent d'iniquité sociale.

Au terme de sa patiente et minutieuse étude, M. Aftalion arrive ainsi à une condamnation formelle et totale du socialisme. Mais ce n'est pas à dire qu'il va rejoindre, par des voies différentes et plus savantes, les conclusions traditionnelles des économistes libéraux. Ses préférences vont au réformisme, et non à l'individualisme, et, de sa critique même du collectivisme, il tire un programme de réformes sociales.

Prenant son fondement dans l'intérêt collectif, le droit de l'individu à la propriété privée de ses capitaux y trouve aussi ses limites. La collectivité est en droit de contrôler l'emploi que le capitaliste fera de ses richesses, d'interdire toute pratique qui serait contraire à l'intérêt social. Par cette idée, vont être légitimés : 1° les impôts, même lourds, sur le luxe, qui empêcheront le riche de gaspiller sa fortune en dépenses de consommation stérile et l'obligeront à accroître la fraction de son revenu qu'il met en réserve et transforme en épargne; 2° les dépenses d'hygiène et d'assistance sociale qui, en développant les forces productives ouvrières, augmentent le capital humain de la nation; 3° les lois de protection de la main-d'œuvre, qui contraignent l'entrepreneur à tourner son ingéniosité productive du côté des compressions socialement avantageuses du prix de revient, et donc à gérer, dans l'intérêt général, la part du patrimoine social qui lui a été confié, conformément au mandat tacite qui accompagne son droit de propriété. De telles mesures, qui font horreur aux économistes libéraux parce qu'elles apportent des entraves et des barrières multiples à la liberté des accords et des combinaisons individuelles, sont, pour M. Aftalion, parfaitement justifiées, à condition qu'on les manie adroitement et qu'on en arrête l'usage en deçà du point où, empiétant sur la propriété privée elle-même, elles déclencheraient les désastreuses conséquences économiques que nous avons tout à l'heure développées.

Le système apparaît ainsi solidement lié et clairement délimité. Il se distingue autant du collectivisme que de l'individualisme. Il ne se donne pas comme une transition de celui-ci à celui-là, qui n'aurait que le rôle temporaire d'une étape historique. Il veut être l'expression d'une doctrine qui a sa valeur propre, et qui donne satisfaction, dans la mesure du possible, aux justes exigences de la conscience contemporaine.

II. — Réserves et critiques.

Telle est la thèse de M. Aftalion.

Sans entreprendre de la soumettre à un examen critique approfondi, qui excéderait les cadres de la présente étude, je voudrais maintenant brièvement indiquer ce qui, à mon sens, atténue, ou du moins limite, la portée de cette démonstration. Qu'il y ait une incompatibilité absolue entre le socialisme, tel que M. Aftalion se le représente, et la science économique, telle qu'il l'entend, cela paraît hors de doute. Mais n'y a-t-il pas d'autres façons aussi légitimes, plus légitimes peut-être, de définir et de comprendre les termes de la confrontation ? Et n'est-ce pas parce qu'au point de départ leur acceptation a été arbitrairement rétrécie, et leurs contours à l'excès accusés, qu'ils apparaissent, à l'arrivée, si violemment antinomiques ?

A. — Le socialisme : Technique économique et philosophie historique.

Pour ce qui est, d'abord, du socialisme, ce contre quoi M. Aftalion dirige l'effort de son argumentation, ce n'est ni le marxisme, qu'il liquide en quelques mots au début même de son étude, ni le pré-marxisme, auquel il fait seulement quelques emprunts dans sa première partie, ni plus généralement aucune des formes officielles et classées de la pensée socialiste.

C'est un socialisme nouveau, et construit au préalable par lui-même, que M. Aftalion met en ruine. Et, sans doute, l'auteur, avec une loyauté scrupuleuse, a tout fait pour donner à ce socialisme qu'il allait combattre le maximum de solidité. Ce n'est pas pour rendre plus aisée ensuite sa besogne destructive, c'est parce que les théoriciens socialistes n'ont point fait eux-mêmes le travail de construction qu'il a dû, au préalable, l'entreprendre à leur place. Il n'empêche que cette nécessité où l'auteur s'est trouvé donne au débat un caractère un peu factice et académique. D'autant qu'on peut se demander s'il n'y a pas quelque artifice à considérer le socialisme comme étant essentiellement un plan de reconstruction économique alors qu'il se donne, chez ses théoriciens les plus qualifiés, comme étant avant tout une philosophie de l'évolution historique. Si nous voulons juger le socialisme d'aujourd'hui, et en particulier le marxisme, n'est-ce pas cette philosophie historique qu'avant tout nous devons examiner ? Et ne serons-nous pas amenés, alors, à porter sur lui une appréciation moins sévère que M. Aftalion ? Non que les prévisions de Marx aient été toutes confirmées par l'évolution économique du dernier demi-siècle. Mais, du moins, sa méthode garde le mérite d'avoir posé scientifiquement les données du problème, et son tableau du développement du capitalisme, malgré de nombreuses erreurs, reste, dans les grandes lignes, lumineux et puissant. Un homme politique qui n'est point socialiste, M. Edouard Herriot, rendait sur ce point, naguère, à Marx, un hommage mérité, et M. André Thiers, qui rejette les théories économiques de Marx, déclarait récemment « irréfutable » la conception matérialiste de l'histoire [1].

Ne suffirait-il pas, pour rendre aux thèses marxistes une grande part de vérité, de donner aux antagonismes sociaux, dont Marx nous décrit la gravité grandissante, un support et un fondement moins économiques et plus psychologiques ? Et, par exemple, la théorie de la paupérisation croissante des masses, erronée dans l'ordre matériel puisque depuis un demi-siècle la condition des ouvriers s'est très sensiblement améliorée, ne reprend-elle pas vie si on la transpose dans l'ordre spirituel et si l'on constate qu'à mesure que le capitalisme se développe dans les pays de l'Europe occidentale, l'intransigeance ouvrière graduellement s'accroît, s'alimentant des concessions mêmes qu'elle obtient du patronat et des pouvoirs publics? On dira, il est vrai, que nous rejoignons ici M. Aftalion et que nous reconnaissons que le socialisme d'aujourd'hui a quitté le plan de la fatalité économique pour se placer sur celui de la volonté humaine, que, dès lors, l'attitude à prendre à l'égard du socialisme dépend d'un libre choix et d'une délibération consciente de chacun de nous, où les considérations de justice sont appelées à jouer un rôle prépondérant. Mais cela n'est exact que dans la mesure où nous admettons qu'en passant de l'économique au psychologique nous passons par là même de la fatalité à la liberté, du champ de l'histoire à celui de la morale. Et, précisément, c'est ce qui nous paraît tout à fait contestable. Trop fréquemment, on estime qu'à partir du moment où l'on entre sur

(1) André Thiers, *En présence des problèmes nouveaux*, Hachette, 1928.

le terrain de la psychologie individuelle ou sociale, on quitte forcément celui de la science, des constances rigoureuses, des déterminations nécessaires, des prévisions sûres, et c'est ce qui fait que tant de sociologues ou d'économistes craignent, s'ils font une place aux facteurs psychologiques dans la trame des faits sociaux, d'introduire avec eux et par eux la contingence et l'imprévision, l'irrégularité et l'incertitude. Or, il semble, au contraire, qu'il y a un déterminisme psychologique comme il y a un déterminisme physique, que les statistiques font apparaître nombre de régularités et de constances entre des termes incontestablement psychologiques, et que, dès lors, une étude scientifique rigoureuse de l'évolution sociale reste parfaitement possible, même quand on reconnaît que les faits de psychologie sociale jouent dans cette évolution un rôle qui n'est ni négligeable, ni secondaire.

Nous sommes dès lors enclin à penser que cette intransigeance ouvrière croissante et ces prétentions grandissantes à la souveraineté économique peuvent être étudiées scientifiquement, dans leurs raisons profondes comme dans leurs inévitables répercussions. Et sans doute, si l'on entreprenait cette étude, on s'apercevrait qu'à côté des causes proprement économiques, telles que l'industrialisation et la concentration, il faut faire une place aux causes politiques et intellectuelles, telles que la pratique du suffrage universel et la diffusion de l'enseignement populaire. Par là, l'indifférence du marxisme pour tout ce qui n'est pas la technique de la production apparaîtrait décidément trop matérialiste et trop simpliste [1]. Mais il reste que le point essentiel est de savoir si nous sommes ou non portés au socialisme par les forces de l'évolution, et c'est dire que, substantiellement, le débat reste placé sur le terrain historique et dynamique où Marx eut le mérite de le transporter.

Le problème de technique économique que soulève et

(1) Cf. André Philip, *Henri de Man et la crise doctrinale du socialisme*, Gamber, 1928.

discute M. Aftalion ne disparaît pas d'ailleurs complètement pour autant. Car enfin, le jour où les socialistes auraient pris le pouvoir et décrété l'appropriation sociale des entreprises, il leur faudrait bien, s'ils voulaient assurer définitivement leur conquête, se plier aux lois économiques, se mettre en mesure d'assurer la production des richesses et la satisfaction des besoins sociaux. Et il n'est pas du tout certain, — quoique les théoriciens du syndicalisme l'aient parfois prétendu, — que le militant révolutionnaire se changerait en un ouvrier consciencieux, appliqué à sa tâche, et capable, par une discipline volontairement consentie, de faire marcher, sans patron, l'atelier et l'usine. Il est infiniment plus probable que, pour empêcher la production de sombrer dans l'anarchie, les hommes au pouvoir seraient obligés d'imposer énergiquement l'ordre et la coordination dans le travail et de faire accepter des masses ouvrières toutes les atténuations nécessaires aux conceptions du socialisme théorique.

Qu'une telle tâche, assurément difficile, n'excède pas les possibilités humaines, c'est ce que démontrera, peut-être, l'expérience qui se déroule actuellement en Russie. L'évolution bolcheviste n'est-elle pas précisément un essai d'assouplissement d'un collectivisme initial trop rigide, et qui s'est, à l'épreuve, révélé incapable d'exploiter convenablement les forces productives nationales. Si les dirigeants de la Russie parviennent à maintenir le principe de l'appropriation collective des grandes entreprises et à le concilier, par de judicieuses concessions, partielles ou temporaires, avec une reprise de l'activité et de la prospérité économiques, le fait, assurément, sera de haute portée et de grande conséquence. Mais même en laissant de côté une expérience qui est en cours d'exécution, dont le succès n'est rien moins qu'assuré, et qui, en tout état de cause (comme M. Aftalion le fait loyalement remarquer), s'accompagne de circonstances trop spéciales pour qu'on en puisse tirer pour ou contre le socialisme des conclusions générales, il suffit de regarder le passé pour y apercevoir des manifestations de cette plasticité sociale qui suggère et fait triompher, lorsqu'un changement de régime est devenu inévitable, les arrangements et les transactions qui permettront d'inclure dans la réalité l'idée nouvelle, sans détraquer le mécanisme qu'elle vient transformer. Un écrivain qui, au milieu du XVIIIe siècle, se fût demandé si la démocratie était compatible avec la science politique, eût pu, avec d'excellentes raisons, répondre que la démocratie serait le triomphe de l'incohérence et de l'incompétence, qu'un Etat ne saurait vivre en régime démocratique sans s'affaiblir et se désorganiser et devenir une proie facile pour ses voisins demeurés fidèles aux lois de la science politique. Pourtant, la démocratie a su découvrir à l'usage, — non sans de longs tâtonnements, — les techniques propres à concilier, au moins partiellement, l'aspiration des peuples à se gouverner eux-mêmes avec le respect de l'ordre et de la cohésion nationale. Et, dans la tourmente qui a récemment passé sur le monde, les démocraties, tout compte fait, se sont montrées plus stables et plus solides que les autocraties. Si fortement charpentée et si brillamment présentée que soit parfois la thèse antidémocratique, elle se bute contre ce fait, qu'elle est impuissante à expliquer, et qui montre qu'elle ne retient, dans les mailles de sa logique, qu'un aspect de la vérité et une part de la réalité.

Or, qui ne voit que le socialisme n'est rien d'autre que le prolongement, l'épanouissement, de la démocratie dans l'ordre économique, ainsi que Jaurès l'a plus d'une fois magnifiquement montré [1], et que les difficultés auxquelles se heurtent la démocratie et le socialisme sont de même nature et ne diffèrent que par le degré ? Ne sommes-nous pas dès lors autorisés à présumer que, si la

(1) Cf. G. PIROU, *Les doctrines économiques en France depuis 1870*, p. 55; Cf. également, A. PHILIP, *op. cit.*, p. 85.

démocratie économique était poussée, demain, sur la scène de l'histoire, comme le fut, hier, la démocratie politique, les adaptations et les transactions nécessaires, surgiraient et s'imposeraient ? Ce serait peut-être au prix de sacrifices et d'atténuations que les théoriciens et les mystiques pourraient juger graves, et dont ils auraient peine à se consoler. Mais la vie est plus forte que les formules et en triompherait aisément. Seulement, on comprend très bien que les dirigeants du mouvement révolutionnaire, dans les pays où le capitalisme est encore debout, se refusent, pour l'instant, à se pencher sur ces problèmes d'adaptation et remettent à plus tard la recherche des compromis : ils considèrent que leur première tâche doit être la conquête du pouvoir, et qu'à trop vouloir nuancer et détailler l'organisation positive de la cité socialiste, ils risqueraient d'affaiblir l'ardeur combative de leurs troupes, donc de diminuer leurs chances de succès. Pour leur démontrer qu'ils ont tort, il faudrait établir que les mouvements historiques ne réussissent que si leurs acteurs savent clairement ce qu'ils veulent, ne se proposent que le possible, et aboutissent là exactement où ils entendaient aller. Quel historien, quel psychologue oseront pousser l'intellectualisme jusque-là ?

B. — La science économique : Ecole autrichienne et réalité sociale.

Ce n'est pas seulement la conception du socialisme qu'on peut trouver chez M. Aftalion un peu étroite, c'est aussi celle de la science économique elle-même, et le second terme de la confrontation demande peut-être, lui aussi, à être assoupli. Adepte fervent des théories de l'Ecole autrichienne, M. Aftalion considère la doctrine de l'utilité marginale comme une vérité démontrée; il admet que les services des agents de la production tendent tout naturellement à être rétribués en proportion de la valeur de leur apport et que si, trop fréquemment, des injustices se produisent, elles tiennent aux obstacles que rencontre le libre jeu de la concurrence et aux résistances, matérielles et psychologiques, qui empêchent la fluidité parfaite des hommes et des capitaux. N'est-ce pas là beaucoup d'optimisme? L'Ecole autrichienne peut-elle se flatter d'avoir découvert une formule qui rende compte de tous les phénomènes, de toutes les lois de la valeur et des prix ? Rappelons-nous que Stuart Mill, au milieu du siècle dernier, proclamait imprudemment qu' « il n'y avait plus rien à éclaircir dans les lois de la valeur ». L'Ecole autrichienne s'est chargée de lui donner un démenti. Qui peut affirmer que demain une autre école ne nous montrera pas, à son tour, les lacunes et les imperfections de l'économie marginale ? Dès aujourd'hui, il est plus d'un économiste qui éprouve le besoin de compléter les analyses des Autrichiens et des Américains par l'étude des facteurs collectifs et sociologiques que ceux-ci avaient par trop relégués à l'arrière-plan. Qu'il suffise de rappeler l'évolution significative de Wieser (1) et les contributions d'un Feis (2) aux Etats-Unis, d'un Labriola (3) en Italie, et, chez nous, de M. François Simiand (4). La vie économique elle-même, d'ailleurs, nous met en présence de nouveaux problèmes qui rentrent mal dans les cadres de l'économie marginale. En ces dernières années, par exemple, nous avons vu se développer avec une remarquable rapidité la pratique du sursalaire familial. Par elle se créent entre patrons et ouvriers des rapports nouveaux : ceux-ci reçoivent de ceux-là une rémunération mesurée sur leurs besoins et leur situation de famille, et non plus seulement sur le quantum et la valeur de leur

(1) Cf. sur cette évolution, l'article de MITCHELL, dans la *Political Science Quarterly*, mars 1917, et celui de FEILBOGEN, dans le *Journal des Economistes*, janv. 1912.

(2) Cf. son article dans l'*American Economic Review*, sept. 1919.

(3) Cf. surtout son *Manuale di Economica Politica*, Napoli, 1919.

(4) Cf. sa *Méthode positive et Science économique*, Alcan, 1912, p. 195 et s.

travail. Il y a là quelque chose de si peu compatible avec les théories classiques et néo-classiques du salaire que les économistes, au premier abord, ont affecté à l'égard du sursalaire familial et de son avenir un scepticisme dédaigneux : « C'est, disaient-ils, une institution contraire aux lois économiques, vouée à un échec certain, et qui se retourne contre ceux qu'elle entend favoriser, car les patrons, désormais, n'embaucheront plus que des célibataires pour n'avoir pas à payer aux ouvriers chargés de famille une rémunération supplémentaire. » Le sursalaire, pourtant, sans se soucier de cette condamnation théorique, a fait son chemin, et l'on songe aujourd'hui à le généraliser, soit par l'action corporative, soit même, si cela est nécessaire, par l'intervention coercitive de l'Etat. L'opinion des économistes, cependant, était théoriquement irréfutable; aussi bien en a-t-on tenu compte; mais il a suffi d'inventer le biais ingénieux des caisses de compensation, qui superposent aux entreprises individuelles un organisme chargé de la répartition des indemnités familiales, et de décider que la quote-part contributive de chaque patron adhérant à la caisse sera calculée d'après son effectif ouvrier total, et non d'après le nombre des ouvriers chargés de famille qu'il emploie.

N'est-ce pas là un précédent significatif ? Et ne nous autorise-t-il pas à penser que, le cas échéant, les barrières, en apparence infranchissables, s'abaisseraient plus facilement qu'on ne le croit ?

*
* *

Ces quelques réflexions ne doivent point nous faire méconnaître ce qui, dans le livre de M. Aftalion, échappe en tout état de cause à la critique et donne à cette œuvre une valeur éminente. On y appréciera particulièrement l'exposé, succinct mais très soigné, très attachant, de cette économie marginale en qui M. Aftalion a foi, exposé d'autant plus précieux pour nous qu'il comble une lacune fâcheuse de notre littérature économique. Nous n'avions, en effet, jusqu'ici, en langue française, aucun tableau objectif complet (1) de ces analyses subtiles et ingénieuses qui ont renouvelé l'économie contemporaine, et que l'on ne saurait plus aujourd'hui ignorer, même si l'on estime qu'à bien des égards elles ne donnent de la vérité qu'une imparfaite approximation. En ce sens, selon une juste remarque de M. Max Lazard (2), l'ouvrage tient plus qu'il ne promet. Il s'annonce comme une discussion critique du socialisme; il est aussi une remarquable introduction aux études scientifiques d'économie politique.

Et quant à la discussion du socialisme, quelques réserves qu'elle puisse comporter, ne nions pas qu'elle garde sur beaucoup de points une grande force démonstrative, et que, souvent, elle s'appuie sur des observations ou des arguments de simple bon sens qu'il n'est pas possible de contester ou de négliger. Si M. Aftalion ne nous a pas convaincus que le socialisme ne se fera pas, ou qu'il ne sera pas viable, du moins nous a-t-il montré que, si les socialistes prennent un jour le pouvoir, ils ne pourront supprimer complètement les revenus capitalistes; qu'ils devront, par un moyen quelconque, donner des stimulants à l'épargne, aux inventions, à la production intense, et utiliser, dans l'intérêt général, les forces de l'intérêt personnel; que, par suite, ils seront amenés à conserver plus qu'ils ne le pensent des catégories et des institutions de nos sociétés capitalistes. Déjà, sans doute, avant M. Aftalion, d'autres économistes avaient amorcé cette démonstration. Mais aucun ne l'avait conduite avec

(1) Cf. cependant la thèse très fouillée de M. Roche-Agussol, *La psychologie économique chez les Anglo-Américains*, (mais qui s'attache surtout à l'aspect psychologique des théories marginales). et l'ouvrage de MM. Ch. et Ch.-H. Turgeon, que nous analysons *infra* (Deuxième partie, chap. II).

(2) Cf. Max Lazard, *Justice sociale et Socialisme. Documents du travail*, déc. 1922, p. 10.

autant de vigueur et de conscience, avec un si louable souci de présenter un bilan sincère, ne laissant rien dans l'ombre de ce que peut invoquer pour elle la thèse adverse. Peut-être, en dernière analyse, ceux qui tireront du livre de M. Aftalion le maximum de profit seront-ils les socialistes eux-mêmes. Et ce ne serait pas la première fois, dans l'histoire des doctrines sociales, que la pensée d'un auteur serait utilisée à des fins différentes de celles qu'il s'était proposé d'atteindre [1].

(1) Cette étude avait paru initialement, dans la *Grande Revue*, octobre 1923. Nos conclusions ont été discutées dans un intéressant article de M. H. Noyelle, *Le dogme du socialisme* (*Revue politique et parlementaire*, déc. 1925). *Les Fondements du socialisme* de M. A. Aftalion ont donné lieu à une controverse très substantielle à la *Société française de philosophie*. On en trouvera le compte rendu dans le *Bulletin* de cette Société, janv. 1924, et on remarquera que, sur plusieurs points, M. Marcel Mauss a présenté des observations voisines des nôtres. Parmi les analyses critiques qui ont été données de l'ouvrage de M. Aftalion, signalons celles de MM. Max Lazard (*Documents du travail*, déc. 1922); Bernard Lavergne (*Revue de métaphysique et de morale*, 1923, n° 4); Antonelli (*Revue d'économie politique*, 1923 n° 5); Ed. Laskine (*Die wirtschaftstheorie der Gegenwart*, t. IV).

CHAPITRE II

SCIENCE ET DOCTRINES ECONOMIQUES

I. — Les doctrines comme œuvre de science.

S'il existe des lois qui commandent le mécanisme et expliquent l'enchaînement des faits économiques, un programme d'action et de reconstruction n'est viable qu'à la condition de ne point méconnaître ces liaisons naturelles et nécessaires que la science a pour mission de dégager. Mais les doctrines économiques ne bornent pas généralement leur ambition à montrer qu'elles ne sont pas en contradiction avec la science. Elles entendent d'ordinaire établir, chacune à sa manière, qu'elles en sont le prolongement et le couronnement.

Une telle prétention est-elle fondée ?

L'affirmation d'une liaison étroite et indissoluble entre leur position doctrinale et les théories de la science économique est courante chez les individualistes. Se reportant aux origines et au développement historique de la pensée économique, ils montrent que les progrès de la science et de l'individualisme ont été parallèles et jumelés. Les fondateurs de la science économique, en même temps qu'ils analysaient le jeu des échanges entre les individus et les classes, systématisaient la doctrine du « laissez faire, laissez passer », et les économistes que l'on appelle classiques, parce qu'ils ont dressé le corps des théories de la valeur et de la répartition, ont à peu près tous défendu la doctrine individualiste. Il n'y a pas là, ajoute-t-on, une simple coïncidence. Cette liaison historique a un fondement logique. L'étude objective de la vie sociale montre qu'il y a des lois économiques inéluctables et que la société n'est pas modifiable au gré des désirs et des fantaisies des réformateurs. La science fait voir que ces lois assurent l'équilibre entre la production et la consommation et donnent la victoire aux producteurs les plus aptes à satisfaire le besoin social. Le fonctionnement naturel de l'organisme économique apparaît ainsi comme préférable à une réglementation artificielle, si bien intentionnée qu'elle soit. Enfin l'observation et l'analyse découvrent que les lois économiques sont la résultante du jeu de l'intérêt personnel : pour qu'elles jouent, il faut donc que les individus soient laissés libres de choisir eux-mêmes la voie où ils déploieront leur activité. S'ils sont, en outre, assurés de conserver le résultat de leurs efforts et de le transmettre à leurs enfants, le stimulant de l'intérêt sera porté au maximum. La science économique aboutit, par conséquent, à l'apologie et à la défense du libre contrat et de la propriété privée héréditaire, à la condamnation de l'interventionnisme et du socialisme. Il ne saurait y avoir entre économistes de divergences doctrinales. Pour reprendre la formule d'un économiste individualiste italien, Maffeo Pantaleoni (1) : « Il n'y a que deux écoles : celle de ceux qui savent l'économie politique et celle de ceux qui l'ignorent. » Ceux qui savent sont nécessairement des adeptes de la doctrine individualiste et libérale.

(1) En lui donnant d'ailleurs un sens très différent de celui qu'elle avait pour son auteur. Cf. *infra*, deuxième partie, chap. III, p. 178.

Malheureusement pour l'individualisme, la thèse que nous venons de résumer, en essayant de ne la point affaiblir, se heurte à des objections très graves.

Rappelons tout d'abord que des études approfondies faites à l'époque contemporaine, tant en France qu'à l'étranger, ont montré que, dans une économie de libre activité, l'équilibre entre la production et le besoin social n'est pas assuré aussi parfaitement que les individualistes le croient. Comme le but de la production est l'appât du profit, et que la satisfaction du besoin social n'est qu'un moyen d'atteindre ce but, les producteurs sacrifient tout naturellement l'intérêt social au gain individuel toutes les fois qu'il y a désaccord entre celui-ci et celui-là, toutes les fois que la « productivité » est en conflit avec la « rentabilité ». De plus, l'économie concurrentielle, qui différencie les situations individuelles, et la propriété privée et héréditaire, qui consolide et perpétue ces différenciations, engendrent une très grande inégalité des fortunes, laquelle, à son tour, a cette conséquence que les besoins superflus des riches sont satisfaits par préférence aux besoins plus urgents des pauvres et des consommateurs à fortune moyenne. Plus contestable encore est l'affirmation individualiste que le jeu naturel des lois économiques, indépendamment de toute intervention des pouvoirs publics, assure automatiquement le règne de la justice en attribuant à chacun son dû. La fragilité d'une telle affirmation est suffisamment établie par le spectacle des iniquités manifestes auxquelles donnent lieu souvent les libres tractations. Personne ne peut prétendre que la justice n'était pas violée, dans la première moitié du XIXe siècle, lorsque le libre contrat était la loi des rapports entre ouvriers et patrons de la grande industrie naissante ou lorsque, à une époque encore récente, la rémunération du travail à domicile échappait au contrôle des pouvoirs publics. En vain a-t-on essayé d'étayer la thèse libérale à l'aide des théories modernes de l'utilité et de la productivité marginales. M. Charles Rist, dans un article justement célèbre de la *Revue de métaphysique et de morale* (1), a fort bien montré le caractère erroné d'une semblable interprétation. Au surplus, les théories de l'utilité marginale et de l'équilibre économique ne sont point des vérités scientifiques indiscutables. On tend plutôt aujourd'hui à voir en elles des approximations partiellement exactes et temporairement utiles, destinées à subir de notables corrections à mesure que se perfectionnera la science économique positive.

Par ailleurs, qu'on s'en réjouisse ou qu'on s'en afflige, on ne peut nier que le dernier demi-siècle a vu se multiplier les interventions des pouvoirs publics dans la production et la répartition des richesses, et les manifestations de l'action collective, qui visent, et souvent réussissent, à imposer des règles communes auxquelles doivent se plier bon gré mal gré les activités et les volontés individuelles. En même temps, sous l'influence de préoccupations nationales ou la pression d'intérêts puissamment organisés, des barrières douanières se sont élevées sur presque toutes les frontières. En présence de ces faits nouveaux, qui éloignent de plus en plus le monde moderne de l'idéal individualiste et libre-échangiste, quelle a été l'attitude des économistes libéraux ? Dans le développement de l'interventionnisme, du syndicalisme, du protectionnisme, ils ont vu moins une réalité à expliquer et à intégrer dans l'analyse économique que des maux à extirper et des infirmités à guérir. Naïvement, ils ont cru qu'il suffirait de dénoncer ces maladies et ces erreurs pour en venir à bout. Leurs objurgations sont demeurées vaines, parce que ces faits économiques nouveaux avaient leur origine et leur explication dans des tendances profondes du monde moderne, techniques, psy-

(1) 1904 et 1907.

chologiques, politiques, qu'il n'est sans doute au pouvoir de personne d'écarter, et qu'il est puéril de négliger.

Il est vrai que, se croyant en possession de la vérité scientifique, les individualistes étaient en droit de penser que toute tentative d'économie nouvelle se révélerait à l'expérience incompatible avec la santé économique et le progrès social. Mais, en fait, des sociétés ont vécu et prospéré tout en s'éloignant sensiblement du programme de l'individualisme intégral. Ni les pays à protection douanière élevée, ni les pays à législation sociale avancée ne se sont montrés inférieurs aux autres dans les luttes économiques, et il apparaît aujourd'hui que les choses sont moins simples que ne se l'imaginaient les individualistes, et que l'intervention des groupes et de l'Etat dans la vie économique mérite plus qu'une condamnation dédaigneuse : elle demande à être étudiée scientifiquement, sans parti pris dogmatique, dans ses effets et dans ses causes.

Il ne faudrait pas croire pourtant qu'au point de vue scientifique il n'y a rien à retenir des thèses individualistes. Elles contiennent une idée juste et vraie, que les autres doctrines, comme nous le verrons, ont trop souvent méconnue, à savoir que la vie économique n'est pas une pâte molle que l'on puisse indifféremment pétrir en tout sens, qu'au contraire elle comporte un mécanisme d'un maniement délicat, qu'il est nécessaire de bien connaître si l'on veut éviter de le détraquer par des interventions inopportunes. L'existence de ce mécanisme ne doit pas être pour les pouvoirs publics un motif d'abstention, car parfois l'abstention serait la pire des solutions, celle qui exaspérerait les masses et rendrait inévitable une révolte brutale. Mais, du moins, l'intervention, quand elle est nécessaire, doit revêtir des formes qui ne risquent pas de heurter le mécanisme économique, qui n'en violent pas les lois, qui plutôt les utilisent en les faisant jouer dans de telles conditions qu'elles servent les desseins et renforcent l'action de l'autorité publique.

De même, il conviendra de ne jamais oublier que la société est faite d'individus qui ne sont ni des machines inertes ni les pièces passives d'un jeu de construction, que, dès lors, aucun régime économique ne saurait durer s'il n'accorde pas aux individus une dose suffisante de liberté et d'autonomie, ce qu'ont trop souvent tendance à oublier les réformateurs qu'hypnotisent le souci de la puissance nationale ou les préoccupations de justice sociale.

En dernière analyse, les individualistes ont raison de souligner les difficultés et les limites qui résultent, pou toute politique interventionniste ou socialiste, de la nécessité de respecter le mécanisme économique et l'individualité humaine. Mais ils ne sont pas fondés à prétendre que l'abstentionnisme économique et social est la seule attitude compatible avec l'esprit scientifique (1).

Le socialisme moderne, — et en particulier celui qui se réclame de Karl Marx, — se donne, tout autant que l'individualisme, comme une doctrine strictement scientifique. Seulement, tandis que l'individualisme invoque à l'appui de ses conclusions les lois statiques qui commandent les actions et les réactions, immédiates ou à courte échéance, du mécanisme économique, le marxisme se réclame des lois dynamiques qui président au déroulement historique de l'évolution sociale. On sait, en effet, que la philosophie marxiste de l'histoire considère le collectivisme comme l'aboutissant nécessaire des transformations sociales en cours, dont le capitalisme est le stade actuel.

(1) Cf. Alfred Pose, *Science économique et politique économique* (*Revue économique internationale*, juill. 1928).

Il me paraît qu'il y a beaucoup à retenir du marxisme. Par sa méthode réaliste et positive, il constitue un progrès certain et notable sur les formes antérieures du socialisme dit utopique. Les travaux de Marx, d'Engels, de leurs disciples, jettent une vive lumière sur les institutions économiques du passé et du présent. En introduisant le relativisme dans les études économiques, les marxistes ont contribué, de même que sur un autre plan les historistes allemands, à rectifier ce que les théories économiques classiques avaient de trop simple et de trop absolu.

Pourtant, si l'on pénètre dans le détail et si l'on confronte les théories économiques de Marx avec l'état actuel de la science, on est bien obligé de constater, sur des points importants, un désaccord irréductible. Aujourd'hui aucun économiste sérieux, quelles que soient ses tendances doctrinales et son attitude sociale, n'accepte comme vraies les théories de la valeur, de l'intérêt, du profit, des crises, présentées par Karl Marx. Tout récemment encore, un économiste italien socialiste, Graziadei, répudiait expressément l'analyse marxiste de la valeur-travail. Même les parties les plus solides du marxisme, telles que cette loi de concentration qui tient dans la réalité économique, comme dans le système collectiviste, une place de première importance, demandent à être rectifiées et atténuées quand on veut dresser un tableau exact de la vie économique. Si elle exprime fortement le mouvement tendanciel de l'industrie, du commerce, de la banque, la loi de concentration ne correspond nullement à l'évolution de l'agriculture. Celle-ci semble tendre beaucoup plutôt vers une démocratisation progressive par le morcellement de la propriété et la multiplication des petites entreprises à faire-valoir direct; et le mouvement d'action collective, en agriculture, se limite aux opérations d'achat, de transformation, de vente, sans pénétrer profondément le domaine de la culture *stricto sensu*. L'erreur de prévision commise à cet égard par les collectivistes ne vient-elle pas de ce que leur vision de l'évolution économique s'inspire moins d'un pur souci d'objectivité scientifique que du désir de trouver dans l'histoire des arguments et des preuves à l'appui du régime économique auquel vont leurs préférences ?

*
* *

Plus exacte, parce que plus nuancée, est l'image que donnent de l'économie contemporaine les doctrines intermédiaires entre l'individualisme et le socialisme. Surtout, elles ont généralement le mérite de bien comprendre le caractère mixte de cette économie, qui, par certains côtés, plonge encore dans le capitalisme privé et l'individualisme juridique, et qui, par d'autres, inclut déjà un dosage important d'économie collective, coopérative et syndicale, et de réglementation publique.

Les doctrines intermédiaires cependant sont, elles aussi, parfois des guides tendancieux et nous fournissent des photographies infidèles. C'est que, pour elles, la vie économique est bien plutôt une matière à réglementer et à réformer qu'une réalité à connaître et à comprendre. Et, trop souvent, elles tombent à quelque degré dans l'erreur que commettaient les socialistes utopistes; elles s'exagèrent la modificabilité du monde économique, le pouvoir qu'ont les hommes et les règles juridiques d'en infléchir à leur gré la contexture. Une confiance excessive les anime, non plus, comme celle des individualistes, dans les résultats naturels du mécanisme économique, mais dans les effets des interventions légales. Par là, elles sont souvent induites à de fausses manœuvres, à des prophéties que les événements démentent, à des tentatives qui, contrecarrées par le jeu des lois économiques, tournent à l'opposé de ce que leurs auteurs eussent voulu. Contentons-nous de rappeler l'erreur d'un homme d'Etat aussi avisé que Waldeck-Rousseau, qui escomptait la paix sociale de la législation des syndicats. Il me paraît que les catholiques sociaux commettent une erreur analogue lorsqu'ils croient possible de faire revivre les notions médiévales de juste prix et de juste salaire dans la complexité et l'enchevêtrement de la vie moderne, et que M. Georges Valois fait preuve aussi d'un optimisme bien aventureux lorsqu'il espère, par le syndicalisme intégral des intérêts, supprimer la lutte des classes, assurer le progrès technique et l'harmonie sociale.

En définitive, un juge impartial doit débouter toutes les doctrines sociales de leur prétention à s'identifier avec la science et déclarer que chacune d'elles n'apporte que des vérités partielles et fragmentaires.

II. — Les doctrines comme objet de science.

Des études récentes de sociologie positive ont montré que l'on peut soumettre à une investigation scientifique rigoureuse les conceptions morales ou les courants d'opinion qui se rencontrent à une époque donnée dans un pays donné, et découvrir les causes profondes qui expliquent leur importance et leurs modalités à l'aide d'une analyse du milieu social dans lequel ces conceptions et ces courants se développent. Il suffira de rappeler à cet égard, pour ne donner que des exemples français, les travaux de L. Lévy-Bruhl et d'A. Bayet, sur les pratiques et les idées morales, ou d'A. Siegfried, sur l'orientation politique de l'ouest de la France.

Pourquoi ne pas appliquer aux doctrines économiques et sociales une méthode analogue ? La tentative, au surplus, ne sera pas nouvelle, car souvent les historiens des doctrines ont eu recours, pour expliquer la position de tel ou tel auteur sur telle ou telle question, à des considérations tirées du milieu historique. En appliquant systématiquement cette méthode aux doctrines françaises contemporaines, nous parviendrons, je crois, à les mieux comprendre. Toutefois, le procédé ne sera fécond qu'à condition de ne pas borner notre examen au milieu économique et de replacer aussi les doctrines dans le milieu philosophique et politique qui les entoure. Car les doctrines économiques ne sont jamais de purs systèmes techniques [1], et elles se ressentent des changements de l'ambiance spirituelle comme des variations de l'ambiance matérielle. Notons immédiatement que des recherches de ce genre rendront compte surtout des vicissitudes des doctrines dans le temps et dans l'espace. Sous ces variations demeure un substratum permanent qui exprime les grandes réactions psychologiques des individus en face de la réalité économique. Mais ce sera déjà quelque chose de savoir pourquoi ces réactions générales revêtent des formes diverses et connaissent un succès variable suivant les époques et suivant les pays.

*
* *

a) Un premier point à noter est que les doctrines françaises les plus opposées présentent certains caractères communs et une sorte d'air de famille, qui les différencient nettement des doctrines étrangères. A quelque degré, toutes sont marquées par les deux traits essentiels de notre psychologie nationale : l'individualisme et le rationalisme.

Le caractère profondément individualiste du tempérament français explique la puissance et le prestige que garde chez nous l'école libérale, malgré les assauts qu'elle

(1) Cf. G. Pirou, *Les doctrines économiques en France depuis 1870*, Colin, 1925.

a subis et les obstacles qu'elle rencontre du fait de conditions économiques et politiques sur lesquelles nous aurons par la suite à revenir. L'école libérale est aujourd'hui encore dominante en France dans la presse économique, et elle rencontre un accueil sympathique de la part du public bourgeois, parce que ses réquisitoires contre l'étatisme, l'interventionnisme, le collectivisme répondent aux sentiments profonds de lecteurs instinctivement prêts à se rebeller contre toute intrusion de l'Etat dans leurs affaires et toute subordination à une discipline imposée. C'est pour la même raison que les principes fiscaux modernes de personnalité et de progressivité ont eu beaucoup plus de mal à s'implanter en France qu'à l'étranger et se heurtent, aujourd'hui encore, aux résistances passionnées de contribuables irréductiblement hostiles à l'inquisition fiscale. *Le Temps* exploite habilement cet état d'esprit lorsqu'il appelle impôts « à la française » les anciens impôts réels.

Aussi bien, la nécessité d'accorder à cet individualisme français des satisfactions au moins apparentes et partielles s'est-elle imposée aux doctrines non individualistes elles-mêmes. Successivement, les principaux théoriciens modernes du socialisme et du collectivisme en France ont insisté sur ce que le socialisme n'implique nullement l'étouffement de la personnalité humaine, qu'au contraire il en facilite et permet le plein essor. Georges Renard déclare que les socialistes travaillent à remplacer la liberté formelle par la liberté réelle en généralisant et en égalisant la concurrence et qu'ils sont en ce faisant « cent fois plus amis de la liberté que le plus libéral des soi-disant libéraux ». E. Fournière s'attache, dans son *Essai sur l'individualisme*, à établir le caractère libéral du socialisme. J. Jaurès affirme qu'il n'admettrait point que la justice se fît aux dépens de la liberté et n'hésite pas à lancer cette formule significative : « Plutôt la solitude avec tous ses périls que la contrainte sociale; plutôt l'anarchie que le despotisme quel qu'il soit. » Chez les adeptes du syndicalisme révolutionnaire, nous retrouvons de semblables préoccupations individualistes. Les militants, lorsqu'ils cherchent à se représenter le régime économique de l'avenir, entendent que la liberté la plus grande soit laissée aux individus tant au point de vue de la production qu'au point de vue de la répartition. Les théoriciens syndicalistes reprochent au marxisme orthodoxe et au guesdisme d'aboutir à une véritable caporalisation de la production et lui opposent une philosophie qui veut être respectueuse de l'originalité et de la personnalité individuelles.

Ces concessions sont-elles suffisantes pour contenter les tempéraments individualistes ? Certains en doutent et font remarquer que le syndicalisme suppose la soumission des isolés et des réfractaires aux règles posées par les groupes, et que le socialisme implique de sérieuses limitations à la liberté des individus par suite de la socialisation de l'activité économique. Aussi, dans les milieux ouvriers et populaires français, subsiste un courant d'individualisme intransigeant qui se défie du syndicalisme et du socialisme sous toutes ses formes et se réclame de l'anarchisme intégral. Plus que tout autre pays, la France est la terre d'élection de l'anarchisme. Et les œuvres contemporaines de Jean Grave, d'A. Lorulot, d'E. Armand, d'A. Colomer, si elles ne renferment qu'une doctrine économique assez inconsistante, méritent cependant d'être retenues comme manifestations extrêmes de ce tempérament individualiste qui ne veut supporter aucune contrainte sociale. Sous cette forme exaspérée et intransigeante, l'individualisme ne peut conduire qu'à des protestations platoniques ou à des rêveries utopiques. Mais, à l'inverse, une doctrine qui méconnaîtrait la nécessité de laisser aux individus une large sphère d'indépendance et d'autonomie n'aurait aucune chance de succès en France, parce qu'elle heurterait trop vio lemment une aspiration fondamentale de l'âme française.

Nécessairement teintées d'individualisme, les doctrines françaises sont aussi généralement imprégnées de rationalisme. Entendons par là qu'elles prennent la forme de constructions systématiques et logiques, dont les diverses pièces se rattachent à quelques principes fortement charpentés et solidement coordonnés. Le marxisme lui-même n'a pu s'acclimater en France qu'en se pliant à recevoir une sorte de revêtement intellectualiste et en perdant le caractère de philosophie purement matérialiste et technique. D'une manière plus précise, dans le socialisme français contemporain comme dans le socialisme français prémarxiste, l'empreinte rationaliste se marque à un double égard. D'une part, la doctrine s'adresse à l'intelligence plus qu'à l'intérêt et au sentiment, ce qui l'oblige, quelque hasardeuse que soit cette tâche, à fournir au moins un schéma de la société de l'avenir et à établir sa supériorité rationnelle sur l'ordre de choses actuel. D'autre part, ce socialisme est encore intellectualiste en ce qu'il se pose comme l'aboutissant logique de principes généralement admis et dès à présent consacrés, bien plutôt que comme l'aboutissant historique d'un processus économique. De là vient que chez Georges Renard, chez Jaurès, chez Léon Blum, le nœud de l'argumentation est dans l'affirmation qu'il existe un lien logique entre la démocratie politique et la socialisation économique. Ce lien une fois démontré, celui qui acceptera la démocratie sans admettre le socialisme commettra un péché contre la logique auquel se résignera malaisément un esprit français. Pour mesurer la portée de ce caractère de notre socialisme, il suffira de le mettre en parallèle avec le socialisme anglo-saxon, bien plus imprégné d'empirisme et de réalisme, et qui justifie le collectivisme par une argumentation utilitaire, en le donnant comme la meilleure recette technique pour mettre fin au gaspillage et aux déperditions de forces qui naissent du capitalisme privé.

Ce caractère rationaliste, nous l'apercevons aussi dans les doctrines non socialistes. Un Yves Guyot, s'il aboutit à des conclusions exactement opposées à celles des collectivistes, pose cependant, en un sens, le problème de la même manière qu'eux, puisqu'il présente l'individualisme comme le corollaire logiquement nécessaire de l'idée démocratique et des principes de 1789. Les catholiques sociaux, de même, déduisent toutes leurs thèses économiques de principes tirés de l'Encyclique *Rerum Novarum*, résument ces principes en quelques notions simples : juste contrat, salaire vital, bien commun, rattachent enfin ces notions à une idée centrale, clef de voûte de toute la doctrine : celle de la fraternité de tous les hommes, fondée sur leur rachat par le Christ. Il y a là un ensemble d'idées dont on peut discuter l'applicabilité au monde d'aujourd'hui, mais dont on ne saurait contester la cohérence et la rigueur rationnelle. Quant au solidarisme, il vise essentiellement à expliquer les manifestations les plus variées de la politique interventionniste : retraites ouvrières et gratuité de l'enseignement, risque professionnel et impôt progressif, par une idée commune, celle de quasi-contrat social. Nous avons essayé ailleurs de montrer la fragilité de cette synthèse (1). Bornons-nous ici à souligner que la séduction exercée un moment par la notion de quasi-contrat social tenait sans doute pour une large part à ce qu'elle prétendait être simplement l'extension logique à des cas nouveaux d'une notion juridique admise par notre droit et à ce qu'elle se traduisait pratiquement par l'idée rationnelle d'équivalence des prestations. C'est dire qu'elle était marquée au coin de cet intellectualisme qui semble une condition nécessaire au succès, en France, de toute doctrine sociale.

(1) Cf. G. Pirou, *Les doctrines économiques de France*, p. 164-166.

*
* *

b) L'influence de l'époque s'ajoute à celle du milieu national, parfois pour la renforcer, parfois pour la contrecarrer, et achève de donner aux systèmes leur physionomie propre. Les doctrines françaises du début du XXe siècle n'ont point, dans le détail, la même structure que les doctrines du début du XIXe, même quand elles expriment une tendance générale identique. C'est qu'entre temps l'ambiance *économique*, *philosophique*, *politique*, a subi de profondes modifications.

1° Si nous voulons caractériser la vie économique du dernier demi-siècle, par comparaison avec celle des époques antérieures, la nouveauté essentielle paraît être l'extension graduelle du rôle joué par les groupes et par l'Etat. Sans doute cette extension n'a pas été jusqu'à changer les fondements de l'organisation économique, qui demeure établie sur les deux assises fondamentales de l'activité individuelle et de l'appropriation privée, mais ces assises sont battues en brèche et encerclées par les vagues montantes de l'action collective et de l'intervention publique. Il est vrai que ce mouvement, sensible dans tous les grands pays civilisés, s'est heurté en France à des résistances dérivées de cet individualisme que nous avons relevé précédemment comme une des caractéristiques du tempérament français, si bien que, tout compte fait, son ampleur est moindre chez nous qu'à l'étranger. Il serait facile de le montrer par des chiffres empruntés à l'ordre des syndicats ouvriers, des conventions collectives, des cartels et des comptoirs de vente, des coopératives, des régies directes. Pourtant, le rôle de ces formes nouvelles d'action économique et sociale est déjà, en France, très important. Durant les années de guerre, il s'est fortement accru. Et si, au lendemain de la guerre, un recul marqué s'est produit, dont nous trouvons par exemple un symptôme significatif dans la dislocation des principaux comptoirs métallurgiques, nous voyons dès maintenant que ce recul n'aura été qu'un incident passager.

D'ailleurs, pour prendre une vue exacte de cette évolution de l'économie moderne, il faut se garder de la représenter sous la forme simpliste d'une lutte menée par deux assaillants indépendants : l'Etat et le Groupe, sous les coups desquels les forces individuelles, lentement, reculeraient. Les formes les plus récentes de l'économie nouvelle impliquent une jonction et une interpénétration de l'action collective et de l'action publique. Déjà amorcée avant guerre [1], cette interpénétration a été consacrée par les lois sociales les plus importantes de ces dix dernières années. Qu'il s'agisse du salaire des ouvrières à domicile, du repos hebdomadaire, de la journée de huit heures, le régime adopté repose à la fois sur l'intervention légale, qui pose les principes, et sur l'accord collectif, qui fixe les modalités [2]. L'Etat confie aux groupes le soin d'appliquer les règles générales édictées par lui et confère à ces groupes le privilège de prendre des décisions applicables, sous certaines conditions, à toute une région ou à toute une profession.

En face de cette évolution, les diverses doctrines économiques ont réagi de manières très différentes, mais toutes ont été par elle influencées.

La doctrine individualiste voit naturellement sans aucun plaisir le développement croissant de l'interventionnisme et de la subordination de l'individu au groupe.

(1) Cf. G. Pirou, *Intervention légale et contrat collectif du travail* (*Revue d'Economie politique*, 1913).

(2) Cf. Oualid et Ch. Picquenard, *Salaires et tarifs* (*Publications de la Dotation Carnegie*, 1928).

Elle les combat avec beaucoup d'ardeur, et sa critique a ceci de nouveau qu'elle ne s'adresse plus comme jadis à de simples projets ou programmes, à des constructions de l'esprit, qu'elle porte contre des réalités. En un sens, elle en est renforcée. Les individualistes se sont abondamment servis de la moisson de faits et d'expériences que l'apparition de l'économie nouvelle leur apportait. Relevant et dénonçant les gaspillages des exploitations d'Etat, la tyrannie que les groupes font peser sur les individus, soulignant les contradictions et les tâtonnements que l'on peut relever dans les essais d'aménagement d'entreprises mixtes, semi-privées et semi-publiques, ils ont complété par un arsenal imposant d'exemples concrets la critique classique des plans d'organisation socialiste. Et leurs campagnes ont été aidées par ce fait que les débuts de l'économie nouvelle se sont accompagnés de flottements et de maladresses, et qu'en particulier durant la guerre l'étatisme économique a donné lieu à des improvisations souvent malencontreuses. Enfin, les économistes individualistes ont dû aussi soumettre à un examen critique ces formes nouvelles de l'action collective et publique qui, sous le nom de nationalisation industrialisée, entendent corriger l'étatisme traditionnel en faisant une large part dans la gestion aux procédés et aux méthodes de l'entreprise privée. Leur conclusion sur ce point est qu'il est vain et chimérique d'essayer d'assouplir et d'industrialiser les exploitations économiques de l'Etat, et que la seule solution recommandable est la restitution à l'entreprise privée des attributions dont l'Etat s'est à tort emparé.

A l'inverse de l'école libérale, les doctrines intermédiaires ont généralement suivi avec une attention sympathique l'évolution du dernier demi-siècle. Dans les formes économiques nouvelles, elles voient les ébauches et les germes d'un régime supérieur au capitalisme privé.

Gaston Morin fait confiance au syndicalisme comme principe de reconstruction sociale, à condition qu'il se tienne indépendant des partis politiques, qu'il se détache de la notion de classe, qu'il se cantonne sur le terrain de l'action technique. Georges Valois voit également dans le syndicalisme intégral le moyen d'organiser le travail et la profession. R. Favareille préconise la transformation des services de l'Etat sur la base des principes d'autonomie et d'industrialisation (1). Les catholiques sociaux entendent que l'Etat s'adapte à ses fonctions économiques en conjuguant son action avec celle des groupes et des individus, qu'il confie à ceux-ci l'exécution, qu'il se réserve la coordination. Dans ces divers systèmes, on aperçoit, sans qu'il soit besoin d'insister, l'influence de l'évolution économique récente.

Pas plus que les autres doctrines, le socialisme n'a pu maintenir intacte, en face de l'économie mixte contemporaine, l'argumentation qu'il avait dressée contre l'économie libérale et le capitalisme privé au début du XIXe siècle. Seulement les socialistes n'ont point tous adopté à cet égard la même attitude.

Les uns estimant que, peu à peu, par le développement de l'action collective et publique, l'organisation économique se rapprochait de l'idéal socialiste, ont été conduits à penser que le passage du capitalisme au collectivisme ne nécessiterait peut-être pas une révolution violente et qu'il pourrait se faire lentement, graduellement, par le simple prolongement de l'évolution en cours. Par exemple, les auteurs du *Socialisme à l'œuvre* s'attachèrent à relever tout ce qui, dans la vie économique actuelle, marque déjà une pénétration de l'esprit socialiste

(1) Cf. également : Maurice PETSCHE et Jacques DONGE, *Signe positif*, Hachette, 1928; Pierre de FELICE, *Réalisme*, Bernard Grasset, 1928; André THIERS, *En présence des problèmes nouveaux*, Hachette, 1928; Pierre COT, *La réforme de l'Etat*, rapport présenté au Congrès du parti radical et radical-socialiste d'Angers, *La Renaissance*, 27 octobre 1928.

et à dresser le répertoire des transitions qui permettraient d'accentuer peu à peu, jusqu'à victoire complète, cette pénétration. Déjà, avant eux, Paul Brousse soutenait qu'il suffirait d'accélérer la transformation des grandes branches d'activité économique en services publics à régie directe pour que, sans secousse violente, le socialisme se fasse. Plus récemment, Edgard Milhaud, dans sa *Marche au socialisme*, et Frédéric Brunet, dans son *Socialisme expérimental*, développaient des thèses analogues. Même lorsqu'ils maintiennent, comme une éventualité à laquelle on ne peut renoncer, la solution catastrophique et la mutation brusque, il est manifeste que les préférences de ces auteurs se portent plutôt vers l'autre éventualité : celle d'une réalisation graduelle et déjà commencée. Joseph Sarraute a donné une formule qui résume fort bien leur pensée lorsqu'il a écrit : « Le socialisme ne sera pas; il devient. »

A l'inverse, il y a dans le socialisme français contemporain un courant également très fort auquel l'évolution récente du capitalisme ne dit rien qui vaille. Ceux qui se rangent de ce côté considèrent que le développement des régies directes ne fait qu'étendre le salariat au lieu de le supprimer et que l'évolution interne du capitalisme ne saurait rendre inutile et évitable la révolution. Mais les plus intéressants et les plus originaux de ces révolutionnaires impénitents, ceux qui formaient l'équipe du *Mouvement socialiste*, ont bien compris qu'en face du mouvement de capitalisme public et de démocratie économique il ne suffisait pas de maintenir purement et simplement, comme le faisaient les guesdistes, les thèses collectivistes traditionnelles. Pour contre-balancer et neutraliser la tendance au réformisme, à la conciliation, à l'union des classes, ils ont vu qu'il était indispensable de transporter du terrain économique sur le terrain psychologique la notion de lutte de classes et d'intransigeance révolutionnaire. La propagande en faveur du mythe de la grève générale leur a paru le moyen de sauver le socialisme, en tant qu'aspiration à une rénovation totale, et d'éviter l'enlisement progressif des masses ouvrières que la politique de réformes sociales risquait d'entraîner.

Au surplus, qu'ils aient pris une position de sympathie ou d'hostilité à l'égard des formes nouvelles d'économie, tous les socialistes d'aujourd'hui s'inspirent plus ou moins d'elles dans la technique de leurs programmes. Deux conceptions opposées se trouvent par là sinon abandonnées, du moins reléguées à l'arrière-plan : d'une part, le pur collectivisme, dont l'insuffisance et les dangers ont été révélés par les progrès mêmes et les résultats de l'étatisme économique; d'autre part, l'anarchisme individualiste, qui apparaît évidemment incapable de soulever un monde dont toutes les forces essentielles sont devenues collectives, et où la victoire ne peut appartenir qu'à des formations massives et disciplinées. A l'inverse, est passée au premier plan une conception plus complexe, qui, en ce qui concerne le but à atteindre, veut être, selon la formule de Jaurès, « une synthèse de l'individualisme proudhonien et du communisme marxiste », et qui, au point de vue des moyens de réalisation, substitue à la seule conquête du pouvoir politique, que poursuivaient les guesdistes, l'action parallèle et combinée des forces politiques et économiques. Aussi, quand on considère la technique économique, on constate des similitudes curieuses entre les vues d'avenir des diverses tendances socialistes : communistes qui réclament des gestions sociales, syndicalistes qui revendiquent la nationalisation industrialisée, coopérateurs qui demandent la création de régies publiques ou semi-publiques. Bien plus, entre ces socialistes et les partisans des doctrines intermédiaires il n'y a souvent, — toujours sur le terrain technique. — que des différences de nuances, puisque les uns et les autres, sous l'influence de l'évolution économique récente, se représentent l'avenir sous la forme d'un ajustement harmonieux des forces individuelles, collectives, publiques.

Il n'en faudrait pas conclure que les doctrines se sont réellement rapprochées les unes des autres et qu'on peut espérer assister un jour prochain à leur réconciliation. Les techniques sont en réalité moins importantes que l'esprit général qui inspire chaque doctrine. Or, ici, des divergences irréductibles subsistent, qui ont, pour partie au moins, leur source dans des conflits d'ordre philosophique. Ces conflits sont de toutes les époques. Ce qui n'empêche que chaque époque présente ses particularités propres, dont les doctrines économiques porteront le reflet.

2° Philosophie de la tradition et philosophie du progrès, des lois naturelles et de l'action humaine, de l'instinct et de la raison, de la transcendance et de l'immanence, de la foi et de l'humanisme, se sont affrontées en France à l'époque contemporaine. Suivant les moments et les circonstances, c'est l'un ou l'autre courant qui l'emporte et qui marque de son empreinte les doctrines sociales dominantes.

En gros, dans le dernier demi-siècle, on peut distinguer trois périodes.

De 1880 à 1900, le rationalisme et l'humanisme, les philosophies du progrès et de l'immanence tiennent le devant de la scène. Sous les auspices de Taine et d'Auguste Comte, un vigoureux effort est fourni, qui tend à résoudre par des méthodes rationnelles l'énigme du monde et à soumettre les problèmes moraux et sociaux aux disciplines scientifiques. A l'usage généralisé de la raison explicative s'ajoute la confiance en la raison constructive, de laquelle on espère pouvoir tirer des principes de moralité individuelle et sociale que la foi semble désormais impuissante à fournir. D'un mot, qui a été parfois détourné de son sens par les polémiques politiques, mais qui garde une large signification philosophique, le *laïcisme* caractérise cette période.

Les doctrines économiques et sociales ne pouvaient manquer de s'orienter dans le même sens. De fait, le socialisme prend une teinte très nettement rationaliste et laïque. Chez un Benoît Malon, un Georges Renard, un Jaurès, il apparaît comme la forme suprême de l'humanisme. La même note rationaliste est donnée par celle des doctrines intermédiaires, qui connaît à la fin du XIXe siècle la vogue la plus éclatante : le solidarisme, qui prend comme point de départ les découvertes les plus récentes des sciences positives et qui oppose à la charité, notion chrétienne et surnaturelle, la solidarité, notion humaine et naturelle. Et il n'est pas jusqu'à l'individualisme qui n'apparaisse chez certains de ses représentants comme teinté d'humanisme et de laïcisme : un Yves Guyot, par exemple, dans une de ses études les plus curieuses, entend démontrer la supériorité de la morale de la concurrence sur les vieilles morales surnaturelles et religieuses dépourvues de sanctions terrestres immédiates [1].

Entre 1900 et 1914, nous assistons à un réveil incontestable des philosophies de l'instinct, de la contingence, de la vie. Pragmatisme et bergsonisme sont les doctrines à la mode. Et ce revirement philosophique va retentir sur les systèmes sociaux.

L'étoile du socialisme rationnel et laïque pâlit, celle du syndicalisme grandit et, chez ses théoriciens les plus brillants, le syndicalisme veut être l'adaptation à l'ordre social des philosophies nouvelles [2]. Pour G. Sorel, la

(1) *La morale de la concurrence*, A. Colin, 1896.

(2) Cf. C. Bouglé, *Syndicalistes et bergsoniens* (*Revue du mois*, 1909, I, p. 403); G. Guy-Grand, *La Philosophie syndicaliste*, Grasset, 1911; Moreau, *Le syndicalisme, les mouvements politiques et l'évolution économique*,

grève et la violence sont des moyens de briser les cadres du déterminisme démocratique, de réveiller les valeurs morales que la platitude laïque a endormies. Plus nettement encore, Ed. Berth voit dans le syndicalisme le moyen d'échapper à l'automatisme, au scientisme, à l'intellectualisme. Un auteur qui depuis s'est rangé sous la bannière du socialisme unifié, et qui alors cherchait à édifier en marge du socialisme une doctrine de démocratie sociale, Et. Antonelli, ne cache pas qu'il se soucie avant tout d'accorder sa position sociale avec les courants pragmatiste et bergsonien, avec les philosophies de la vie et de l'action (1).

Dans la dernière décade, le pragmatisme et le bergsonisme ne semblent pas avoir gardé le prestige qu'ils exerçaient avant guerre. En France, du moins, l'on assiste à un retour offensif de l'intellectualisme. Significative et symbolique est à cet égard l'évolution d'un Jacques Maritain, naguère disciple enthousiaste de Bergson, aujourd'hui protagoniste de la renaissance thomiste et du traditionalisme intellectualiste.

Parallèlement, le syndicalisme et le socialisme se dépouillaient du revêtement vite démodé de pragmatisme et de bergsonisme qu'ils avaient un moment reçu. Chez un Jouhaux ou un Maxime Leroy, chez un Léon Blum ou un Paul Boncour, l'humanisme et le laïcisme, l'idéalisme et le sens démocratique ont repris leur place. Quant aux catholiques sociaux, s'ils donnent dans leur système une place centrale à la notion de vie, la manière dont ils en extraient le contenu et dont ils en déduisent les applications porte la marque d'esprits rompus aux jeux de la dialectique et du raisonnement scolastique. Comment ne pas mentionner enfin que le syndicalisme intégral de

Rivière, 1925; F. Perroux, *Georges Sorel et la grève générale* (*Revue de l'Université de Lyon*, n° 2); P. Lasserre, *Georges Sorel théoricien de l'impérialisme* (*Cahiers de la Quinzaine*, 1928).

(1) *La Démocratie sociale devant les idées présentes*, Rivière, 1911.

Georges Valois s'encadrait jusqu'à ces dernières années dans les théories politiques de Ch. Maurras, qu'anime un intellectualisme systématique et qui juge avec une extrême sévérité les « nuées bergsoniennes ».

3° La politique française sous la Troisième République donne à première vue une impression de confusion et de chaos. De multiples partis, qui ne sont parfois séparés que par des nuances ou par des questions de personnes, se combattent en d'âpres luttes ou s'amalgament en de temporaires coalitions. Tour à tour, monarchistes et républicains, modérés et avancés, opportunistes et radicaux détiennent le pouvoir. L'obscurité s'éclaire et le chaos s'ordonne quand on remarque que, suivant les époques, deux directives différentes ont successivement commandé le classement des problèmes. Tantôt le primat appartient au souci de défense contre l'ennemi de l'extérieur, et c'est autour de l'idée d'indépendance et de puissance nationales que gravitent les débats et que s'ordonnent les solutions. Tantôt c'est l'aménagement intérieur de la nation et l'idée de justice sociale qui passent au premier plan. Approximativement, et à condition de ne pas donner aux dates une signification trop précise, de ne voir en elles que des points de repère commodes, on peut dire qu'au lendemain de 1870 la première tendance l'emporte, que de 1890 à 1905 la seconde est au contraire prédominante, qu'après 1905 la première reprend le dessus.

Pendant les vingt années qui suivent la guerre de 1870-1871, le poids de la défaite pèse sur la politique française. Les uns craignent que l'Allemagne, encouragée par sa victoire, ne prépare un nouveau conflit. D'autres, soutenus par un sentiment public très fort, caressent l'espoir d'une revanche qui libérerait du joug allemand les provinces perdues.

Une telle ambiance était peu favorable au développement de l'idéalisme humanitaire et au succès des doctrines socialistes. Durement touché par l'échec sanglant de la Commune, le socialisme, pendant dix ans, panse ses blessures et cherche sa voie. Jusqu'en 1879, les congrès ouvriers donnent une note d'une modération remarquable, se préoccupent uniquement d'action corporative et rejettent jusqu'au mot même de socialisme. Les choses changent, il est vrai, à partir de 1879, sous l'influence de Jules Guesde, mais, pendant bien des années encore, le socialisme restera limité à un petit monde de militants. Il n'entraîne pas les masses ouvrières; il ne bénéficie pas de la bienveillante sympathie de l'opinion publique, qui, nous le verrons, lui viendra plus tard. Durant cette période, la seule doctrine vraiment neuve est celle que développe en 1878-1879 P. Cauwès. Prenant comme un fait essentiel la division du monde en nations, P. Cauwès recherche en quelle mesure doivent en être influencées les notions de richesse et de capital ainsi que la conception du rôle de l'Etat et de la politique douanière (1). Par son point de départ et par ses conclusions, cette doctrine d'économie nationale s'apparente avec les préoccupations politiques du temps.

A partir de 1890, l'orientation des esprits se modifie. Le souvenir de la guerre s'estompe. Les nouvelles générations ne la connaissent que par ouï-dire. L'alliance franco-russe, conclue en 1891, diminue pour nous les risques d'une agression allemande en même temps que, par son caractère strictement défensif, elle nous détourne de tenter à nouveau la fortune des armes. La politique d'expansion coloniale nous oriente vers des routes encore libres où nous pouvons espérer trouver des compensations et des consolations. L'échec de l'aventure boulangiste

(1) Cf. G. Pirou, *op. cit.*, p. 183 et s.

discrédite les formes bruyantes du sentiment national, qui s'y étaient compromises. Par la suite, l'affaire Dreyfus vint obliger tous les Français à une option dramatique entre le respect de l'armée et celui de la justice. Le début du XXe siècle voit la victoire du dreyfusisme. Le pouvoir passe des partis modérés aux avancés. Et les vainqueurs, groupés à l'origine pour la sauvegarde de la justice individuelle, restent unis pour demander qu'une justice sociale plus grande pénètre dans la cité.

Il s'ensuit une floraison de doctrines socialisantes. Les unes vont jusqu'au socialisme proprement dit, en développant de préférence la partie de la doctrine qui peut se traduire par des réformes immédiatement réalisables, comme le fait A. Millerand en 1896, dans le célèbre discours de Saint-Mandé. Les autres cherchent une formule qui se situe à mi-chemin entre le libéralisme des partis modérés et le collectivisme et qui serve de support doctrinal au programme radical-socialiste : c'est ce que tente un des chefs de ce parti, Léon Bourgeois, sous le nom de solidarisme.

Radicaux et socialistes, si des divergences subsistent entre eux dans l'ordre de la politique économique, sont du moins d'accord pour faire du réaménagement intérieur de la cité le centre de leurs préoccupations. Les problèmes de politique sociale les intéressent plus que les questions proprement nationales. Au reste, dans les milieux de la bourgeoisie intellectuelle, se marque, à l'égard de ces questions nationales, un grand détachement dont on trouve des manifestations significatives dans les colonnes de périodiques tels que *le Mercure de France* ou *la Revue Blanche*. N'est-ce pas à cette époque que Rémy de Gourmont, — qui plus tard sera un des apôtres de l'Union sacrée, — écrit à propos de l'Alsace-Lorraine : « Personnellement, je ne donnerais en échange de ces terres oubliées ni le petit doigt de ma main droite (il me sert à soutenir ma main quand j'écris) ni le petit doigt de ma main gauche (il me sert à secouer la cendre de ma cigarette). » Il ne faut donc pas s'étonner que dans les milieux socialistes fleurisse l'hervéisme, et que dans les congrès ouvriers se succèdent les déclarations antimilitaristes et les motions qui admettent la grève générale et l'insurrection en cas de guerre.

Le 31 mars 1905, Guillaume II débarquait à Tanger. De ce moment s'ouvre une période nouvelle où le problème national redevient prééminent. C'est en cette même année 1905 que Charles Péguy, naguère socialiste et dreyfusien, écrit le célèbre cahier : *Notre patrie*, où passe un ardent souffle patriotique. Le changement se traduit bientôt par un groupement nouveau des partis politiques. A l'alliance des radicaux et des socialistes sur un programme laïque, fiscal, social, succède une entente du centre et de la gauche sur un programme national, et le Parlement, en 1913, vote la loi militaire de trois ans. De 1914 à 1918, la primauté du point de vue national atteint naturellement son apogée. Le sentiment de l'unité française efface et subordonne tous les autres : on ne s'occupe plus que de porter au maximum la puissance de la nation en guerre. Les élections du 16 novembre 1919 montrèrent qu'à cette date la communauté du sentiment national primait encore les divergences de politique intérieure.

En ces années d'alerte et d'anxiété patriotique, les doctrines internationalistes ne pouvaient que reculer. Dès avant 1914, dans les rangs socialistes, l'antimilitarisme rencontre des adversaires. Ch. Andler, en 1913, au cours d'une série d'articles retentissants de *l'Action Nationale*, lui oppose d'expresses réserves appuyées sur l'exposé des théories nationalistes de quelques doctrinaires socialistes allemands. Gustave Hervé répudie l'hervéisme. En 1914, lorsque la guerre éclate, on sait comment socialistes et syndicalistes se rallièrent à peu près unanimement à la défense nationale (1). Sur le terrain théorique, l'évolution se marque par des réquisitoires contre le marxisme, considéré comme une doctrine d'importation allemande, et par les essais de construction d'un socialisme purement français. Sur les doctrines non socialistes, l'esprit national laisse naturellement aussi son empreinte : on voit naître une quantité de doctrines ordonnées autour de l'idée d'indépendance nationale ou, comme on dit alors, « d'autarchie économique ». Et lorsque, au lendemain de la guerre, Georges Valois développe sa doctrine sociale accrochée à un parti pris français volontairement exclusif, cette doctrine bénéficie de ce que le sentiment nationaliste est encore à ce moment très vif, et elle connaît pendant quelque temps auprès de la jeunesse intellectuelle une vogue comparable à celle qu'obtenait, vingt ans auparavant, l'humanitarisme socialiste.

Au terme de ces réflexions, peut-être les doctrines économiques et sociales apparaissent-elles sous un jour nouveau, comme étant l'expression, non de la science, puisqu'elles se proposent de transformer la réalité plutôt que de l'expliquer, mais du milieu historique et national qui les voit naître et dont elles portent profondément l'empreinte.

Après avoir été des résultantes, les doctrines deviennent à leur tour des déterminantes. Si l'on voulait rechercher en quelle mesure les doctrines font l'histoire, il me semble qu'il faudrait développer deux considérations qui se complètent sans se contredire.

D'une part, il convient de se pénétrer de cette idée que les sociétés sont généralement assez souples pour s'adapter aux exigences des forces historiques qui, suivant les époques et les pays, font prédominer des philosophies,

(1) Cf. Roger Picard, *Le mouvement syndical durant la guerre*, Publications de la Dotation Carnegie, 1928.

des intérêts, des sentiments très divers. Il faut donc se garder de croire qu'il y ait un seul système économique vrai et viable pour tous les temps et tout l'univers. A des conditions différentes correspondent des équilibres différents. La notion de plasticité sociale nous apporte ainsi une leçon de relativisme et nous engage à penser que la solution des problèmes sociaux modernes se trouvera par des moyens nouveaux harmonisés au monde actuel bien plutôt que par un retour à des régimes sociaux qui ne correspondent plus aux conditions économiques et psychologiques du temps présent.

Mais, d'autre part, la puissance de la plasticité sociale ne doit pas nous faire oublier l'existence et la réalité de la science économique. Une société n'est pas une masse inerte et flexible susceptible de prendre n'importe quelle forme. Aucune innovation économique ne saurait s'implanter durablement si elle ne se plie pas aux exigences de la science et si elle ne tient pas compte du jeu des réactions humaines, qui ont chance d'être demain comparables à ce qu'elles sont aujourd'hui et à ce qu'elles étaient hier, car, si le monde évolue, la psychologie de l'homme se modifie assez peu.

De la combinaison de ces deux termes : plasticité sociale, science économique, on peut tirer certaines conclusions quant à l'avenir probable des doctrines. Semblent vouées à l'échec les doctrines qui négligent de donner satisfaction aux nécessités et aux aspirations du milieu historique où elles se développent : doctrines humanitaires et libre-échangistes en un temps de nationalisme, doctrines anarchistes en un monde de forces collectives, doctrines confessionnelles à une époque de pensée libre. Sont également condamnées à l'insuccès les doctrines inconciliables avec le jeu des lois économiques si ces doctrines, lorsqu'elles sont portées au pouvoir par des forces historiques puissantes, ne consentent pas à se corriger et à s'assouplir et ne renoncent pas à celles de leurs affirmations et à ceux de leurs objectifs qui sont incompatibles avec les enseignements de la science.

L'avenir se fraiera son chemin entre le conservatisme et l'utopie. Que sera ce chemin ? Evolution lente ou révolution violente, méthode démocratique ou régime de dictature, économie nationale ou politique sociale ? Il y a là plusieurs possibles. Il serait téméraire de vouloir dire dès à présent lequel l'emportera. Au reste, puisque le succès d'une doctrine est largement conditionné par la psychologie de chaque peuple, il se peut fort bien que, suivant les pays, des méthodes et des solutions différentes soient finalement destinées à triompher.

CHAPITRE III

NOUVEAUX ASPECTS DU COOPERATISME

Nous avons montré, dans le précédent chapitre, que toute doctrine sociale, même lorsqu'elle se donne comme l'exposé de vérités éternelles, subit l'empreinte du milieu historique qui l'a vue naître et grandir et que, si ce milieu change, la doctrine, parallèlement, évolue. De cette proposition générale, le coopératisme fournit une illustration qu'il n'est peut-être pas sans intérêt d'examiner d'un peu près.

I. — L'Ecole de Nîmes.

Pour connaître la doctrine coopératiste sous la forme qu'elle revêtait il y a une quarantaine d'années en France, c'est à « l'Ecole de Nîmes » qu'il faut se reporter. A notre avis, la caractéristique la plus nette de cette école fut l'inspiration morale, et même religieuse, qui animait ses fondateurs. Deux d'entre eux, Charles Gide et de Boyve, étaient protestants, non pas seulement de naissance, mais d'esprit et de pratique. Sur de Boyve, nous possédons le témoignage de M. Gide lui-même, qui, dans son cours de 1925-1926 au Collège de France[1], a tracé, de son ami et compagnon de lutte, un fort beau portrait. De Boyve était un véritable apôtre, animateur

(1) Ch. Gide, *L'Ecole de Nîmes*, « Association pour l'enseignement de la coopération », 85, rue Charlot, Paris.

de nombreuses œuvres sociales; il menait une vie si austère que des ouvriers socialistes déclarèrent un jour qu'ils ne voudraient pas changer leur existence pour la sienne. Quant à M. Charles Gide, aucun de ceux qui l'ont lu (1) ou entendu ne peut ignorer combien profondément il a toujours été imprégné de moralisme et de protestantisme : les images dont il parsème ses conférences ont, le plus souvent, une origine biblique, et le scepticisme nonchalant de certaines de ses attitudes n'est sans doute que la réaction, au contact des réalités économiques, objet de ses études professionnelles, d'un esprit à qui la poursuite des richesses apparaît comme une agitation un peu vaine, ou, en tout cas, d'un ordre inférieur, comparée aux aspirations plus hautes et plus nobles de l'esprit et de l'âme.

***

Le résultat immédiat de l'apparition de l'Ecole de Nîmes, ce fut la rupture entre la coopération et l'école libérale. Dans les années qui avaient précédé l'entrée en scène de la nouvelle école, les économistes libéraux montraient pour la coopération une sympathie ouverte. Ils voyaient en elle, comme le disait Léon Say en novembre 1866 à la *Société d'économie politique*, un puissant auxiliaire de l'épargne. Ils espéraient que les ouvriers coopérateurs, devenus de petits capitalistes, se transformeraient en défenseurs de l'ordre économique existant. Bref, ils se représentaient la société coopérative de consommation comme une sorte de digue à la révolution et de barrage contre le socialisme. Leur attitude changea lorsque, en 1886, au Congrès de Lyon, puis en 1889, au Congrès de Paris, M. Charles Gide, en deux discours qui eurent un grand retentissement, développa les thèmes directeurs de sa doctrine.

(1) Cf. en particulier *La Coopération*, Conférence de propagande, 4e éd., Paris, Librairie du *Sirey*, 1922.

Par delà les divergences de détail sur tel ou tel point de l'analyse économique, ce qui creusa un infranchissable fossé entre l'économie libérale et l'Ecole de Nîmes, ce fut le « souffle de fraternité chrétienne » qui emportait celle-ci, et qui était totalement absent de celle-là. En abordant les problèmes économiques avec la volonté d'en subordonner la solution à des considérations de dignité et de justice, qui prenaient elles-mêmes leur source dans une ardente foi religieuse, les apôtres du coopératisme commettaient, du point de vue de l'orthodoxie libérale, une erreur si grave que le *Journal des Economistes* et l'*Economiste français* résolurent de rayer désormais impitoyablement de leurs colonnes, quand un de leurs collaborateurs par mégarde les citerait, les noms des protagonistes de cette périlleuse tentative [1].

Brouillée désormais avec l'individualisme libéral, la doctrine coopératiste allait-elle s'orienter vers le socialisme ? Nullement, et ici encore les événements qui se produisirent eurent leurs causes profondes dans les tendances morales et religieuses de la nouvelle école. Quand on songe que cette époque est, par ailleurs, celle où, au sein du socialisme et du mouvement syndical, le marxisme prend décidément le pas sur les autres formes de la critique sociale et de l'action ouvrière, on voit tout de suite se dessiner le contraste qui allait opposer le moralisme de Charles Gide au matérialisme de Karl Marx. D'un côté, l'horreur de la violence, la volonté de substituer l'entente à la concurrence, la paix à la guerre, l'amour à l'égoïsme; de l'autre, l'affirmation de la lutte des classes, la conviction de l'inéluctabilité et de la bienfaisance d'une révolution brutale, la croyance que l'émancipation des ouvriers ne peut être l'œuvre que des ouvriers eux-mêmes, et non de la bonne volonté de quelques bourgeois généreux et fraternels. Rien d'étonnant à ce que cette

(1) Cf. Ch. Gide, *Le programme coopératiste et l'Economie politique libérale*, une brochure, « Association pour l'enseignement de la Coopération ».

antinomie ait rendu impossible la vie en commun des coopérateurs qui suivaient l'une et l'autre tendances et ait abouti à la formation, en 1895, d'une Fédération des coopératives socialistes, dressée contre l'Union de la rue Christine, qui, dans les grandes lignes, avait adopté les thèses sociales de l'Ecole de Nîmes (1).

Placée sur un terrain dont les frontières se trouvaient bien délimitées de tous côtés, l'Ecole de Nîmes put y déployer librement son drapeau. A vrai dire, dans l'ordre de la pure technique coopérative, elle n'apportait rien de bien nouveau et se bornait — M. Charles Gide ne fit jamais de difficulté pour le reconnaître — à recommander aux sociétés coopératives les principes formulés en 1843 par les Equitables Pionniers de Rochdale. Seulement, cette technique était, pour M. Charles Gide et ses amis, le moyen d'aider à la réalisation d'un très haut idéal, où se retrouvait la marque éthico-religieuse de leurs aspirations. La société future dont ils rêvaient l'avènement devait entraîner l'abolition du salariat et du profit. Abolition du salariat ? C'était là, à la vérité, une expression peu exacte, et M. Gide dut, par la suite, y renoncer. Si le salariat est le régime dans lequel l'ouvrier reçoit une rétribution fixe, forfaitaire, on ne voit pas comment la généralisation de la coopération de consommation pourrait le faire disparaître. L'employé au service d'une coopérative est un salarié comme celui qui a pour patron un capitaliste ou celui qui travaille pour le compte d'une entreprise d'Etat ou d'une régie municipale.

Abolition du profit ? Cela indiquait beaucoup mieux le

(1) Ch. Gide, *Le Programme coopératiste et les Ecoles socialistes*, une brochure, « Association pour l'enseignement de la Coopération ».

but poursuivi par les doctrinaires de la nouvelle école. C'est d'ailleurs moins le profit, comme catégorie économique, que la recherche du profit, comme mobile psychologique, qui était l'objet de leur condamnation. Il y faut insister quelque peu parce que nous sommes ici au point qui nous permettra le mieux d'apercevoir l'esprit intime de l'Ecole de Nîmes, et aussi parce que l'évolution ultérieure des faits et des idées devait apporter, à cet égard, d'essentielles rectifications. Dans le régime actuel, la recherche du profit est le véritable moteur de l'activité économique. L'industriel qui emprunte des capitaux, installe une usine, embauche des ouvriers, n'agit point par dilettantisme ou par altruisme : il est poussé par l'espoir, — qui parfois, d'ailleurs, sera déçu, — de tirer de l'agencement de ces facteurs productifs des résultats tels, qu'une fois vendus les produits de son usine et rétribués ses collaborateurs, il lui restera entre les mains un bénéfice net. Le commerçant, l'agriculteur, le transporteur, tous les chefs d'entreprise ont assurément la même psychologie; et rien, semble-t-il à première vue, n'est plus légitime que cette recherche d'un profit qui sera la contre-partie du travail fourni, du risque couru, du service rendu.

Et, pourtant, les théoriciens de l'Ecole de Nîmes souhaitaient ardemment la disparition du profit. Dans la coopérative de consommation, disaient-ils, le profit commercial est aboli : si, en fin d'exercice, il reste un excédent net, au lieu d'être, comme dans l'entreprise commerciale ordinaire, conservé par le chef d'entreprise ou distribué aux actionnaires, cet excédent est ristourné aux consommateurs au prorata de leurs achats. Les choses se passent donc finalement comme si la coopérative avait demandé à ses membres un prix qui couvre tout juste les frais de production et de distribution. Supposons que le principe coopératif devienne la règle générale de la vie économique, et qu'après avoir transformé le commerce il s'étende, comme M. Gide l'espérait, à l'industrie et à l'agriculture : dans toutes les branches de l'activité économique le juste prix régnera, excluant la possibilité du profit.

Mais alors l'Ecole de Nîmes rencontrait une objection qui semble avoir hanté l'esprit de M. Gide, car, à maintes reprises, il y est revenu pour tenter de l'écarter. Le jour où, par l'universalisation du système coopératif, le profit aurait été chassé peu à peu de tous les compartiments de la production, ne verrait-on pas l'activité économique se ralentir, puis s'arrêter ? Stuart Mill, déjà, s'était posé la question; il s'était demandé si l'évolution économique ne conduirait pas l'humanité vers une sorte d'état stationnaire et si « le fleuve de l'industrie humaine » n'aboutirait pas un jour à une « mer stagnante ».

M. Ch. Gide accepte sans déplaisir, et avec plus de sérénité que Stuart Mill, une telle perspective. Quand les activités humaines seront organisées en vue de la satisfaction des besoins, et non plus en vue de la recherche des profits, la vie sociale atteindra, dit-il, un état d'équilibre parfait. Equilibre économique, puisque toutes les choses s'échangeront à égalité de travail, mais surtout équilibre moral, parce que les âmes ne seront plus « affolées par le va-et-vient de la fortune ou de la ruine » (1). Et le trop-plein d'activité désormais libéré se déversera dans d'autres directions. « L'homme ne peut pas tout poursuivre à la fois avec la même ardeur. Il faut choisir. Souhaitons donc pour lui que sa ferveur s'exalte pour des fins plus nobles que l'argent. » (2). On voit réapparaître ici ce dédain des richesses matérielles et de l'activité économique qui est au fond de la psychologie des fondateurs de l'Ecole de Nîmes. Au reste, M. Gide rappelle lui-même que, lorsque la coopération vise à l'abolition du profit, elle traduit en acte la formule de Jésus-Christ : « On ne

(1) *La Coopération*, p. 261.
(2) *Id.*

peut servir Dieu et Mammon. »[1]. Combattre l'esprit de lucre et, suivant la formule expressive de Ferrero, « limiter les désirs », tel est, en dernière analyse, l'objectif suprême que l'Ecole de Nîmes assignait à l'action coopérative.

II. — L'évolution du mouvement coopératif depuis 1885.

Près d'un demi-siècle s'est écoulé depuis que M. Ch. Gide exprimait l'espérance d'une rénovation morale et sociale du monde par la coopération. Les événements ont-ils depuis lors confirmé ou fait évanouir ses espoirs ?

Si l'on recherche quelle a été, depuis 1885-1890, l'évolution du mouvement coopératif dans le monde, on ne peut qu'être frappé de son très remarquable essor. Quelques chiffres empruntés aux sources les plus récentes en donnent une mesure précise. Tenons-nous-en aux vingt dernières années. En 1905, il y avait dans le monde 18.000 coopératives avec 3.600.000 membres. Aujourd'hui, l'Alliance coopérative internationale groupe dans ses 200.000 sociétés environ 45 millions de familles. A ne considérer que les coopératives de consommation, on n'en dénombre actuellement pas moins de 80.000 avec 36 millions de membres. Dans cet ensemble, la France, qui n'arrive pas au tout premier rang, tient cependant une place fort honorable. En 1913, on recensait 3.000 sociétés, qui comprenaient environ 880.000 membres et réalisaient environ 320 millions de chiffre d'affaires. Aujourd'hui, si le nombre des sociétés n'est pas beaucoup plus élevé, puisqu'il se tient aux environs de 3.300, celui des coopérateurs dépasse largement 2 millions, et le chiffre d'affaires s'élève à plus de 2 milliards. Même

(1) Ch. Gide, *Le Programme coopératiste et le Socialisme religieux*, broch., « Association pour l'Enseignement de la Coopération ».

compte tenu du changement dans l'échelle des valeurs, cela représente un très notable accroissement (1).

Mais nous ne pouvons nous en tenir à ces constatations qui ne nous renseignent que sur l'ampleur matérielle du mouvement. C'est le mécanisme interne des sociétés coopératives qu'il importe de regarder de près, pour voir quel en est l'esprit et, si le mot n'est pas trop ambitieux, quelle philosophie s'en dégage. Or, quand on se place sous cet angle, on est amené à faire de curieuses constatations.

*
* *

Et d'abord, à mesure qu'elle devenait plus large et plus puissante, la coopération de consommation s'est, à certains égards, sensiblement rapprochée du capitalisme. Les premières coopératives présentaient une physionomie très originale, et qui permettait de les distinguer aisément des entreprises ordinaires du commerce. C'étaient de petits groupements, formés entre gens du même quartier, de la même profession, « sans nulle expérience pratique, mais riches de bonne volonté » (2), qui se réunissaient le soir, une fois leur journée de travail terminée, en quelque boutique ou arrière-boutique. Chacun, tour à tour, administrait la société, groupait les commandes, recevait les marchandises et les distribuait, vérifiait les factures, au besoin balayait le magasin ou faisait griller le café. Toutes ces fonctions étaient remplies à titre bénévole et gratuit, et c'est dire que la coopé-

(1) Bernard Lavergne, *Les Coopératives de consommation en France*. Coll. A. Colin, 1923.

Ch. Gide, *Les Sociétés coopératives de consommation*. Paris, Librairie du *Sirey*, quatrième éd., 1924.

Ch. Gide, *La Coopération à l'étranger (Angleterre et Russie)*, un vol. « Ass. pour l'Ens. de la Coopération », 1926.

Bernard Lavergne, *Le mouvement des coopératives de consommateurs* (*Revue des Etudes coopératives*, avril-juin 1927, p. 292 et s.).

(2) Bernard Lavergne, *op. cit.*, p. 76.

ration exigeait de ses adeptes un immense dévouement. Aujourd'hui, le fonctionnement d'une coopérative de consommation ne présente plus les mêmes caractères. Si quelque profane pénètre dans un magasin d'une grande coopérative installée à la moderne, il n'y voit rien, semble-t-il, que de très comparable à ce qui se passe dans l'établissement capitaliste rival, succursale d'une grande société à maisons de vente multiples. Ici et là, à la tête du magasin, un gérant de profession, rémunéré par un tant p. 100 sur le chiffre d'affaires, responsable du coulage et des pertes, et, à ses côtés, un certain nombre d'employés salariés. Ici et là, au-dessus des gérants des diverses succursales, un organisme central de gestion et d'achat, et, au sein de cet organisme, un ou plusieurs administrateurs délégués, investis de la confiance de l'assemblée générale, dotés par elle de pouvoirs très étendus, aidés dans leur lourde tâche par une équipe de directeurs techniques. Le parallélisme est tel, que le défenseur attitré des grandes sociétés capitalistes à succursales multiples, M. Gilles Normand, après l'avoir poursuivi jusque dans les plus petits détails, a pu conclure qu'à la limite de leur évolution respective, coopératives de consommation et grand commerce capitaliste devaient se confondre.

Sans aucun doute, il y a là quelque exagération. Néanmoins, on ne doit pas se dissimuler qu'en empruntant, comme elle l'a fait, au grand commerce capitaliste ses procédés techniques les plus perfectionnés, la coopération a renoncé à une part de son originalité primitive. Elle ne l'a fait, d'ailleurs, que contrainte et forcée, parce qu'à un moment donné, — dans les dernières années d'avant guerre, — certains de ses partisans ont compris qu'il lui fallait se soumettre ou se démettre, et qu'elle serait écrasée sous la concurrence victorieuse du grand commerce à succursales si elle ne se décidait promptement à lui emprunter ses armes pour le vaincre. Le péril était si grand que leur appel fut entendu. Mais ce ne fut pas sans protestations ni regrets de la part des coopérateurs de la première heure.

De fait, si la coopération ainsi modernisée prenait plus de force et de vitalité, ne cessait-elle pas, du même coup, d'être l'élément d'éducation morale et de rénovation sociale que ses premiers protagonistes avaient escompté ? Du haut en bas de l'échelle, dans l'organisation coopérative nouvelle, n'est-ce pas l'intérêt personnel qui devient le mobile directeur des individus ? L'administrateur-délégué, au sommet et pour l'ensemble, les gérants responsables, en dessous et chacun dans sa sphère, vont avoir désormais comme souci constant la recherche des procédés et des agencements qui permettront de réduire au minimum les frais et les dépenses, de porter au maximum les recettes et les ventes. Et c'est dire que leur psychologie sera très voisine de celle des administrateurs et des gérants des sociétés capitalistes. Ce qu'on attendra d'eux, ce pourquoi on les nomme, ce pourquoi on les garde en fonction, c'est moins la bonne volonté, le dévouement, le goût de l'apostolat, que l'habileté technique, le sens du commandement, le flair commercial. Et ce changement de philosophie se marque à la façon un peu méprisante dont les réalistes partisans des méthodes nouvelles parlent des coopératives de « l'âge héroïque ». M. Bernard Lavergne, après avoir souligné que, malgré le dévouement illimité de leurs associés, elles n'obtenaient que des résultats très médiocres, prononce en ces termes leur oraison funèbre : « Donnons, dit-il, toute notre estime et notre admiration à ces humbles et ces croyants qu'a guidés l'ardente flamme de la foi sociale, et qui, un quart de siècle durant, ne se sont pas laissés rebuter par tous les démentis que les faits infligeaient à leurs espoirs. Mais reconnaissons que l'héroïsme n'est pas un état d'âme susceptible à lui seul de conduire aux succès économiques. » (1).

(1) Bernard Lavergne, *op. cit.*, p. 77.

Une autre innovation de ces dernières années, non moins significative, fut la création, en 1922, de la « Banque des Coopératives de France ». A cette date, la coopération française se trouvait dans la nécessité de se procurer de larges capitaux pour asseoir et alimenter ses opérations commerciales. Les dirigeants du mouvement estimèrent que le meilleur moyen de les obtenir serait la création d'un organisme bancaire qui ferait appel aux disponibilités des coopérateurs et du public, en leur offrant l'appât d'un intérêt assez élevé, et qui prêterait les fonds ainsi réunis, sous forme d'escompte commercial et d'ouverture de crédits, aux coopératives et à leurs magasins de gros.

La Banque des Coopératives se donnait par conséquent pour but, — et ici nous citons les paroles mêmes de M. Bernard Lavergne, — « de gagner de l'argent tout comme les banques capitalistes ». Cette banque répondait sans doute à un besoin, puisqu'elle a pris très rapidement un grand essor. Au 31 décembre 1926, soit après quatre ans et demi d'existence, elle accusait 58.000 comptes et disposait de plus de 160 millions de francs de dépôt. Son capital dépassait 14.000.000, son mouvement d'affaires 6 milliards par an (1). Mais ce succès même n'est-il pas un hommage à l'efficacité et aux vertus du principe capitaliste ? Ne démontre-t-il pas qu'une entreprise commerciale de quelque envergure ne peut, de nos jours, vivre et prospérer qu'avec l'appui du capital et en acceptant de le rémunérer au taux du marché. Bref, ne peut-on pas se demander, réunissant les divers traits de cette rapide analyse pour en tirer une conclusion d'ensemble, si la coopération n'a pas acheté sa victoire de l'abandon de ses principes et si Mammon ne lui a pas fait perdre son âme ?

(1) Cf. Bernard Lavergne, *Le Mouvement coopératif*, dans *La France économique*. Annuaire pour 1926. *Revue d'Economie politique*, 1927, p. 766 et s.

*
* *

En même temps qu'à certains égards la coopération se rapprochait des institutions commerciales ordinaires, à d'autres, acquérant une dignité nouvelle, elle se haussait au rang d'une institution publique. Entre les deux mouvements, d'ailleurs, il existe une certaine connexité. La coopérative de jadis, formée de quelques individus, et souvent ne vendant qu'à ses membres, était, par nature, une formation purement privée. Les grandes institutions coopératives d'aujourd'hui, fédérations nationales, magasins de gros, unions régionales, sociétés de développement, par l'action qu'elles exercent sur le marché, par le nombre de leurs membres, par l'étendue de leur clientèle, débordent le cadre des intérêts privés et représentent sinon l'intérêt général, du moins la volonté de masses importantes de consommateurs. Aussi les pouvoirs publics se tournent-ils instinctivement vers elles pour leur demander leur aide et leur collaboration lorsqu'ils ont à organiser la lutte contre la vie chère ou l'aménagement des forces productives de la nation. Le rapprochement qui s'est ainsi effectué entre les coopératives et les pouvoirs publics a pris surtout de l'ampleur pendant la période postérieure à 1914, durant laquelle, sous la pression des nécessités économiques, Etats et communes ont dû, en tous pays, prendre en main la défense des consommateurs et, parfois, assurer la distribution des quantités produites. Comme les rouages administratifs, tant de l'Etat que des communes, étaient mal préparés à remplir ces fonctions d'ordre économique, il a semblé souvent préférable de les confier aux groupements de consommateurs, ou au moins de les y associer par la création d'organismes mixtes dans lesquels les délégués des coopératives voisinent avec les agents de l'Etat. Ici encore, l'évolution économique se traduit par une victoire de la coopération, mais cette victoire ne va pas sans modifier assez profondément sa nature et son orientation.

Les coopérateurs de l'âge héroïque se glorifiaient de ce que leur groupement était une entente purement volontaire et libre, dans laquelle n'intervenait aucune contrainte. M. Ch. Gide aimait à citer le mot de Fourier : « Tout ce qui est fondé sur la contrainte est fragile et dénote l'absence de génie. »[1]. La coopération d'aujourd'hui ne peut plus avoir tout à fait le même état d'esprit. Les individus y sont encastrés dans de vastes ensembles, à la gestion desquels ils ne participent que d'une manière intermittente et indirecte. L'esprit de discipline, d'action concertée, l'emporte sur l'initiative individuelle et la libre bonne volonté. Puis surtout, associés désormais à l'œuvre de l'Etat et des collectivités locales, les coopératives et leurs représentants deviennent en quelque manière des rouages de l'économie publique. Seulement, dans ces institutions où ils pénètrent, les coopérateurs ne sont plus les seuls associés ni, par conséquent, les seuls maîtres. Considérons, par exemple, les régimes récemment prévus en France pour l'aménagement du Rhône, la fabrication de l'ammoniaque, le traitement des potasses : le capital doit être fourni à ces diverses entreprises à la fois par des souscripteurs ordinaires, par l'Etat, par les collectivités usagères; la gestion sera l'œuvre de conseils et d'assemblées où ces trois éléments figureront au prorata de leurs apports. En tant qu'elles donnent une place importante aux usagers dans l'organisation des services, ces formations nouvelles s'inspirent évidemment de l'idée coopérative; mais en tant qu'elles accordent à l'Etat, en contre-partie de ses apports financiers, des fonctions étendues de contrôle et une part importante des bénéfices, elles associent à l'idée

(1) *Manuscrits* de FOURIER, p. 66, cité par Ch. Gb. GIDE, *Œuvres choisies de Fourier*, p. XXI et 119.

d'économie coopérative celle d'économie publique (1). On pourrait faire des réflexions analogues au sujet de ces *enti autonomi* qui ont pris en Italie, pendant les années de guerre, un si grand essor, et qui assuraient le ravitaillement en denrées de consommation à la population italienne. Les *enti autonomi* étaient des organismes doués de la personnalité morale, composés de communes, instituts, coopératives, et qui avaient pour but de procurer aux acheteurs les articles de consommation courante aux prix les plus bas possibles. Comme les communes avaient souscrit la plus grande partie des actions, ce sont elles, en fait, qui, par l'intermédiaire de leurs représentants au conseil général des *enti*, dirigeaient la gestion. Enfin, les grandes régies coopératives belges sont également l'application à certains services économiques d'intérêt général de la formule de l'entreprise mi-publique, mi-coopérative (2). Ces régies belges, il est vrai, donnent à l'élément coopératif plus de place que les projets français ou les *enti autonomi* italiens. Néanmoins, comme l'a justement remarqué M. Ch. Gide (3), et comme M. B. Lavergne le reconnaît, elles diffèrent profondément des coopératives ordinaires, et parce qu'elles doivent leur création à une décision des pouvoirs publics, et parce que ceux-ci participent à la gestion et aux charges de la société. Aussi conçoit-on que les partisans de la coopération sous sa forme originelle éprouvent quelque défiance à l'encontre de ces régies nouvelles. Un coopérateur anglais, M. Mercer (4), a écrit toute une brochure

(1) Cf. Gaëtan PIROU, *Les Doctrines économiques en France depuis 1870*, Coll. A. Colin, 1925, p. 155-158; Albert CHÉRON, *De l'actionnariat des collectivités publiques*, Paris, Tenin, 1928.

(2) L'histoire et le fonctionnement des régies coopératives belges ont été exposés avec un grand luxe de détails par M. Bernard LAVERGNE dans son livre *L'Ordre coopératif*, dont nous reparlerons plus loin.

(3) Ch. GIDE, *L'Ordre coopératif* (*Revue d'économie politique*, 1927, p. 972).

(4) MERCER, *Cooperative Policy in relation to municipal trading.*

pour exprimer ses inquiétudes et demander qu'une délimitation stricte leur fût assignée afin d'éviter qu'elles n'éliminent les coopératives libres. M. Ch. Gide, rappelant la fable du loup déguisé en berger, ne cache pas sa crainte qu'au lieu de coopératiser l'Etat on en arrive à étatiser les coopératives. Et M. Lucien Brocard, se refusant à voir dans ces régies « une application complètement satisfaisante du principe coopératif », leur reproche de reproduire à des degrés divers « les inconvénients des entreprises étatistes et syndicalistes » (1). Ces réserves suffisent à souligner l'écart entre les coopératives libres et privées du type classique et les régies dites coopératives, donc à mesurer le chemin parcouru lorsqu'on passe des premières aux secondes.

III. — La doctrine de M. Bernard Lavergne.

Il y a quelques années, M. Ernest Poisson, dans sa *République coopérative* (2), s'était essayé à marquer les enseignements théoriques des expériences coopératives contemporaines. Plus récemment, M. Bernard Lavergne est venu à son tour apporter à cette œuvre de reconstruction doctrinale une importante contribution.

Le tome I, seul paru à ce jour, de son *Ordre coopératif* (3), est, à vrai dire, consacré à un exposé de faits plus

(1) L. Brocard, *La Coopération et le Mouvement coopératif*, Paris, Librairie du *Sirey*, 1927, p. 48. Cf. également ces lignes significatives extraites d'un article consacré par le *Bulletin quotidien de la Société d'études et d'informations économiques* (3 mai 1928) à l'ouvrage de M. Bernard Lavergne sur les régies coopératives. « Né dans la liberté et pour la liberté grâce à la concurrence et au capitalisme et comme correctif du capitalisme et de la concurrence, le mouvement coopératif travaillerait contre lui-même s'il aidait à l'établissement d'un régime collectiviste dans lequel il disparaîtrait et où les coopératives ne seraient plus que des services d'Etat ou de communes. »

(2) Ernest Poisson, *La République coopérative*, Paris, Grasset, 1920.

(3) Paris, Alcan, 1926.

qu'à une analyse de doctrines. Mais, dans une longue introduction, l'auteur, jalonnant la route qu'il compte suivre, nous indique les grandes lignes de l'édifice dont ce tome I pose les fondements.

Par ses origines, M. Bernard Lavergne se rattache à l'Ecole de Nîmes, et c'est à M. Charles Gide que l'*Ordre coopératif* est dédié. Pourtant, sur beaucoup de points, il complète, revise, corrige les doctrines de l'école. Bien que M. Bernard Lavergne soit, comme M. Charles Gide, protestant, il s'abstient des images bibliques et des développements idéalistes. Tout au plus signale-t-il en passant que le régime coopératif suppose des postulats d'ordre moral (1), ou encore que la coopération, impliquant la conviction que l'amour est plus fort que la haine, est pénétrée d'esprit chrétien (2). Mais ce sont là déclarations brèves et incidentes. M. Bernard Lavergne entend donner à sa doctrine des bases strictement réalistes. La méthode d'exposition qu'il a adoptée en est la preuve, puisque c'est un tableau objectif des faits qu'il s'attache d'abord à nous présenter. Et il parle avec beaucoup de dédain des auteurs de plans de cités futures, des rêveurs et des utopistes et de cette « trop capiteuse mystique sociale » qui se dégage de « la grande idéologie socialiste due à Fourier, Proudhon ou Karl Marx » (3). Mettons, nous dit-il, le réel à la place du rêve. Gardons-nous d'escompter pour l'avenir un chimérique changement de la nature humaine. Acceptons comme donnés « l'égoïsme individuel et les instincts fondamentaux de l'homme » (4). On comprend que M. Charles Gide n'ait pas lu cette formule nouvelle sans mélancolie, et il y a sans doute quelque ironie dans l'approbation qu'il lui a donnée, en l'accompagnant de cette re-

(1) *Ordre coopératif*, p. 42.
(2) *Id.*, p. 590.
(3) *Id.*, p. 41.
(4) *Id.*, p. 69.

marque : « Après les apôtres et les idéologues viennent les constructeurs... Après la musique marchent les sapeurs. » (1).

Ayant ainsi abordé les problèmes économiques dans un esprit strictement réaliste, M. Bernard Lavergne a été conduit à certaines positions qui montrent bien quelle distance le sépare des premiers adeptes de l'Ecole de Nîmes. C'est ainsi qu'il admet sans s'en indigner que certains individus touchent une rémunération dépassant de beaucoup ce à quoi leur donnerait droit leur mérite individuel. Les gains des spéculateurs heureux qui gagnent des sommes énormes simplement pour avoir réussi à faire des prévisions exactes lui paraissent légitimes (2). Et M. Bernard Lavergne enregistre avec une sorte de satisfaction les « démentis catégoriques » que les faits infligent à la « conception métaphysique de la justice » (3). L'appréciation qu'il porte sur le capitalisme est exempte, elle aussi, de tout mysticisme. Il lui sait gré d'avoir déclenché un remarquable essor de la production et, dans ses formes les plus évoluées, de réaliser un aménagement rationnel des hommes et des choses. De fait, la reconnaissance des vertus du capitalisme s'imposait d'autant plus à M. Bernard Lavergne qu'il a été au premier rang de ceux qui ont préconisé l'adoption des techniques capitalistes comme le seul moyen pour la coopération de résister à la concurrence du grand commerce (4). Notre auteur admet cependant que le capitalisme présente, dans l'ordre de la répartition, certaines imperfections. Mais, même sur ce terrain, l'écart entre capitalisme et coopératisme est, dans son système, très atténué. D'une part, en effet, M. Bernard Lavergne estime que le profit capitaliste est

(1) *Revue d'économie politique*, 1927, p. 976.

(2) *Ordre coopératif*, p. 66.

(3) *Id.*, p. 67.

(4) Cf. Bernard Lavergne, *Les Méthodes coopératives nouvelles : la gérance ou commandite responsable*, brochure éditée par la « Fédération nationale des coopératives de consommation », 1913.

d'ordinaire « assez faible » : une fois couverts les frais de production, en y incluant pour les actionnaires l'intérêt de l'argent au taux courant, ce qui reste est généralement peu de chose par rapport au chiffre d'affaires de l'entreprise. Or, ce prélèvement capitaliste représente ce que nous coûte le régime actuel, ce qu'il nous demande « en échange de la direction somme toute habile qu'il donne à la production nationale »(1). Si ce tribut est presque négligeable, ne sera-t-on pas fondé à conclure que le bilan du capitalisme se solde en excédent et qu'il y aurait peut-être plus d'inconvénients que d'avantages à le supprimer ? D'autre part, M. Bernard Lavergne ne pense point qu'en régime coopératif le profit soit, à proprement parler, destiné à disparaître. Ici, il se sépare radicalement de l'Ecole de Nîmes et de M. Charles Gide. La recherche du profit, proclame-t-il sans ambages, est le « but nécessaire de toute entreprise »(2). Il n'y a d'affaires prospères et bien gérées que là où il y a volonté, chez leurs dirigeants, de réaliser le plus grand profit possible. Faute de ce stimulant, la vitalité de l'entreprise serait irrémédiablement touchée. Bref, le mécanisme et la philosophie de la production ne sauraient, dans une coopérative vivante et solide, être différents de ce qu'ils sont dans une société capitaliste.

***

Pourtant, M. Lavergne demeure un ardent partisan de la coopération. Si elle n'entraîne ni la suppression du profit, ni l'abolition du salariat, ni la fusion des classes sociales, comme l'espéraient ses mystiques apôtres de naguère, la coopération, à son avis, apporte cependant un principe nouveau et fécond de reconstruction économi-

(1) *Ordre coopératif*, p. 39.
(2) *Id.*, p. 68.

que [1]. Puisqu'elle donne à la masse des usagers la propriété de l'entreprise, et qu'elle leur en attribue le profit sous la forme des ristournes, la coopération de consommation est l'embryon d'une organisation économique agencée par et pour les consommateurs, antithèse du régime actuel, dans lequel ce sont les producteurs qui prennent l'initiative, assument la direction, se partagent les bénéfices de l'activité économique.

Par ailleurs, lorsqu'elle revêt la forme moderne des grandes sociétés à succursales, la coopération retient des techniques capitalistes ce qu'elles ont d'utile et d'efficace. Elle réunit donc tout à la fois les mérites de la gestion sociale et ceux de l'entreprise privée. Elle maintient, dans l'ordre de la production, la dose nécessaire de différenciation et de hiérarchie, cependant qu'elle introduit, dans l'ordre de la répartition, la dose acceptable de démocratie et d'égalitarisme.

Enfin, s'appuyant sur l'expérience des régies belges, M. Bernard Lavergne voit dans le principe coopératif le moyen de corriger, en l'assouplissant, l'étatisme économique. Tandis que les tentatives d'exploitation par l'Etat ou par les municipalités lui paraissent définitivement condamnées par leurs résultats, il lui semble que les essais de régies coopératives, surtout lorsqu'elles sont douées de l'autonomie financière, autorisent les plus larges espérances [2]. Bref, la société économique de l'avenir, — telle qu'on peut se la représenter, non à l'aide de la pure imagination ou du raisonnement, mais en supposant développés des germes déjà bien vivants dans la société d'aujourd'hui, — aurait, selon M. Bernard Lavergne,

(1) Il y a lieu de noter que la foi coopérative de M. Bernard Lavergne s'applique uniquement à la coopération de consommation. Il parle avec beaucoup de détachement des autres modalités de l'idée coopérative et il regrette même que le terme de coopérative puisse leur être appliqué.

(2) Cf. Bernard LAVERGNE, *Les Règles coopératives et leur position par rapport aux régies municipales* (*Le Mouvement communal*, 15 mai 1928).

pour cellules : d'une part, les coopératives libres, qui se substitueraient au commerce capitaliste; d'autre part, les régies coopératives, montées avec l'appui financier de l'Etat, qui remplaceraient les exploitations publiques. Sur les ruines de l'entreprise privée et de l'étatisme économique s'élèverait le temple de la coopération, assez vaste pour abriter toutes les branches de la production et de l'échange.

Vision ample, qui s'élargit encore lorsque M. Bernard Lavergne, dans la partie la plus hardie de la fresque qu'il place au début de son ouvrage, s'efforce d'établir que la notion de la primauté de la consommation, essence de l'idée coopérative, est également le principe de la science économique moderne et de la structure politique des sociétés démocratiques.

Pour ce qui est de la science économique, M. Bernard Lavergne prend texte des théories psychologiques de la valeur, exposées dans le dernier quart du XIXe siècle par Jevons, Walras, Menger, et montre qu'elles fondent la valeur des choses non plus, comme les classiques, sur l'effort fourni, mais sur le besoin satisfait (1). Quant à l'organisation politique, M. Bernard Lavergne affirme que si l'on fait subir aux théories de droit public cette transposition réaliste que, pour sa part, il a voulu effectuer dans le domaine coopératif, on s'aperçoit que la justification du suffrage universel n'est point, comme le croyait Rousseau, l'idée mystique d'une raison humaine prétendument égale chez tous les individus, mais bien le fait positif que tous les membres d'une société ont intérêt à ce que les routes, les canaux, les chemins de fer, les postes, l'instruction publique, la justice, dont ils usent, soient organisés au mieux et au meilleur compte. C'est parce que tout citoyen est un « consommateur obligé des services publics » qu'il a le droit de concourir

(1) *Ordre coopératif*, p. 25-29.

à la formation de la volonté générale et de contrôler le jeu des rouages de l'Etat (1).

Economique et politique, science pure et art social, auraient ainsi en dernière analyse un soubassement unique : l'idée de consommation. Dans la cité de l'avenir, société coopérative et suffrage universel seraient les moyens, harmonieusement jumelés, d'adapter la production aux besoins des consommateurs et d'obtenir que les services de l'Etat fonctionnent conformément à l'intérêt général.

IV. — Réserves et critiques.

La doctrine de M. Bernard Lavergne fournit-elle de l'évolution récente des faits et des idées une interprétation à tous égards correcte ? Place-t-elle la coopération sur le plan et au rang que l'avenir lui réserve ?

Sur quelques points importants, il nous semble que des objections ou des restrictions s'imposent.

En premier lieu, il faut, croyons-nous, écarter, ou au moins estomper, ces assimilations aventureuses grâce auxquelles M. Bernard Lavergne retrouve, à la racine de la science économique et de la démocratie politique, l'idée de consommation qui lui est chère.

S'agit-il de la science économique ? Sans doute les théories modernes de la valeur et de la répartition accordent aux éléments subjectifs une importance que les classiques n'avaient pas toujours aperçue, mais on peut reconnaître les mérites éminents des théories psychologiques sans croire qu'avant elles il n'y avait point de science économique ou qu'avec elles la vérité totale a d'un coup été atteinte. M. Bernard Lavergne, en cette matière, a des formules vraiment trop tranchantes, soit qu'il juge « absurdes » les vues des classiques sur la va-

(1) *Id.*, p. 7-24.

leur [1], soit qu'il déclare que les fondateurs de l'école psychologique ont été « aussi peut-être bien ceux de l'économie politique tout entière » [2]. Une étude impartiale des théories économiques conduirait, me semble-t-il, à en présenter un tableau plus nuancé. On s'apercevrait que les conceptions des classiques ont été incomplètes plutôt que radicalement fausses, et qu'il y a lieu d'en retenir, à tout le moins, l'analyse des conditions de la production et de l'offre, en tant qu'elles exercent une influence, variable suivant les cas, et parfois primordiale, sur les prix de marché. Et l'on verrait aussi que la science économique d'aujourd'hui, différant en cela de celle d'hier, tout en conservant des théories psychologiques ce qu'elles contiennent de vérité, semble s'orienter vers des explications plus générales qui les débordent. Conception de l'équilibre économique chez les adeptes de la méthode abstraite, analyse du jeu et des combinaisons de l'offre et de la demande par les partisans d'une méthode positive sont les manifestations, diverses à bien des égards d'ailleurs, de cette tendance qui me paraît caractériser l'état présent de la science économique [3]. Il y a quelques années, un économiste italien, qui avait consacré un ouvrage à l'exposé des thèses de l'utilité marginale sous le titre de *La Théorie moderne de la valeur économique*, s'entendit objecter par de bons juges que cette théorie n'exprimait plus déjà le dernier état de la science. On peut faire à M. Bernard Lavergne un reproche analogue. Or, cette erreur d'optique paraît provenir précisément de son désir d'établir à tout prix une harmonie entre la science économique et la doctrine coopératiste. N'est-ce pas là une preuve nouvelle du danger qu'il y a à ne pas séparer complètement science et doctrine,

(1) *Ordre coopératif*, p. 25.
(2) *Id.*, *ibid.*
(3) Cf. *infra*, deuxième partie, chap. I et II.

analyse objective de ce qui est et recherche de ce qui pourrait ou devrait être ?

Plus contestable encore paraît le rapprochement entre l'idée de consommation et le principe démocratique. Tous les membres d'une société donnée sont consommateurs des services publics, mais ils le sont d'une manière très inégale. Leur capacité à cet égard est fonction, entre autres éléments, de leur situation de fortune. L'individu riche use plus que le pauvre des services de sécurité qui protègent ses biens mobiliers et immobiliers, des routes sur lesquelles il circule en automobile, des chemins de fer qui véhiculent les produits nombreux et variés qui concourent à son alimentation, à son habillement, etc. Si donc on prenait le principe de consommation comme mesure de la participation de chacun à la vie publique, on serait amené à la règle du droit de vote pondéré, sinon du suffrage censitaire. L'individu coopérerait au fonctionnement de la cité à proportion de sa consommation, de même que, dans une coopérative, il participe à la distribution des ristournes au prorata de ses achats. M. Bernard Lavergne a bien senti l'objection. Il y répond d'une manière habile, mais qui ne me semble pas très convaincante. Notre auteur, après avoir reconnu que le pauvre consomme moins que le riche, ajoute que le peu qu'il consomme a pour lui autant de prix que la série des consommations multiples dont le riche bénéficie, et il en conclut que ce serait une injustice que de donner au riche, « qui a déjà les plus grandes sources de jouissance économique » un plus grand droit qu'au pauvre « d'infléchir à son profit les rouages de l'Etat » (1). On remarquera que cette nouvelle argumentation abandonne le principe économique de la consommation pour invoquer une idée de justice qui n'est point la traduction d'un

(1) *Ordre coopératif*, p. 15.

fait naturel ou économique. Ce que la nature ou l'économie spontanée nous offrent en spectacle, ce sont des inégalités entre les hommes, inégalités d'aptitudes, d'effort, de fortune, etc. Une doctrine qui, malgré ces inégalités, place tous les individus sur le même rang, ne peut être que l'expression d'une conception rationnelle, d'origine métaphysique, religieuse ou morale, qui puise ailleurs que dans la nature ou l'économie son véritable fondement. Bien plus, loin qu'on puisse ramener la démocratie à la coopération, c'est au contraire la coopération qui, sur un point particulier, mais de première importance, s'inspire de l'idée démocratique. On sait qu'au sein d'une coopérative de consommation, le droit de vote et le droit au profit, s'ils appartiennent l'un et l'autre à la masse des consommateurs, ne leur sont pas attribués de la même manière. Pour le profit, s'applique le principe de la répartition d'après le montant des achats effectués. Pour la gestion, chaque consommateur actionnaire dispose d'une voix dans les assemblées générales de la société, quels que soient et le nombre d'actions qu'il a souscrites et la quantité des marchandises qu'il a achetées. Rappelant cette règle, M. Bernard Lavergne note justement qu'elle est l'application d'un « principe de la Révolution de 1789 » (1). Par là, la coopération est vraiment une institution démocratique, mais on voit qu'elle l'est en tant que, s'agissant de la gestion, elle abandonne le principe de consommation pour adopter celui de l'égalité entre tous les hommes.

Les projets de reconstruction sociale de M. Bernard Lavergne nous paraissent également orientés d'une façon trop exclusive du côté du consommateur. D'accord en

(1) *Id.*, p. 189.

cela avec tous les théoriciens du coopératisme, M. Bernard Lavergne, dans l'*Ordre coopératif*, semble croire que l'intérêt du consommateur coïncide exactement avec l'intérêt général. On lui accordera qu'il en est généralement plus près que l'intérêt particulier du producteur. Il s'en faut cependant que les consommateurs, pris individuellement ou collectivement, agissent toujours dans le sens du bien public. Lorsque, sur un problème économique ou politique, l'intérêt national se trouve en jeu (quand, par exemple, se discute un tarif douanier), il arrivera souvent que la masse des usagers, soit parce qu'ils sont mal éclairés sur leur intérêt véritable, soit parce qu'ils sont des hommes, dont la vie est courte et précaire, et qui ne se soucient guère que de leur intérêt immédiat et prochain, refuseront d'accepter des sacrifices et des charges qui seraient cependant plus que compensés par des avantages ultérieurs pour eux ou leurs successeurs. En une telle hypothèse, et qui n'est point simplement d'école, confier aux consommateurs ou à leurs représentants le soin de prendre en toute souveraineté la décision ne sera peut-être pas le moyen de faire prédominer la solution la meilleure. Au surplus, c'est M. Bernard Lavergne lui-même qui nous fournit à cet égard contre sa thèse la meilleure objection. Dans un article de l'*Année politique* (1), M. Bernard Lavergne s'est demandé quels seraient les meilleurs moyens de refondre notre système politique pour y faire prédominer plus certainement le souci de l'intérêt général. S'il était resté fidèle à sa doctrine de l'*Ordre coopératif*, M. Bernard Lavergne eût simplement demandé qu'une part plus grande fût faite aux représentants des consommateurs; or, ce n'est point du tout cela que notre auteur préconise, ou du moins ce n'est point à cela qu'il se borne. Il recommande l'introduc-

(1) Bernard LAVERGNE, *Suffrage universel et Suffrage collectif* ou « *La Représentation au Parlement des corps sociaux* », *Année politique*, mars-mai 1926, p. 353 et s.

tion, dans les organes directeurs de la nation, de représentants des associations désintéressées et des grands corps savants. A l'appui de ce système original, M. Bernard Lavergne n'hésite pas à proclamer « qu'en de fréquentes occasions l'intérêt du groupe national diverge de l'intérêt particulier des consommateurs » (1). Aveu précieux, que nous sommes en droit de retourner contre son auteur, car il nous autorise à penser que, dans l'organisation des grands services publics et des régies sociales, il serait dangereux de donner aux consommateurs tout le pouvoir de gestion, et qu'il faudra, à côté d'eux, peut-être au-dessus d'eux, maintenir une représentation des intérêts généraux de la nation. Et comme, dans cette même étude de l'*Année politique*, M. Bernard Lavergne reconnaît que les fonctionnaires ont généralement l'habitude de prendre l'intérêt général pour norme de leurs actions, comme il ajoute que nul corps sans doute n'a au même degré qu'eux le souci du bien public (2), voilà, semble-t-il, justifié par M. Bernard Lavergne lui-même un type de gestion mixte, dans lequel ce ne seront ni les producteurs ni les consommateurs, mais bien plutôt les représentants directs de l'Etat, les hauts fonctionnaires délégués par lui au conseil d'administration, qui assumeront la charge de l'aménagement général du service.

D'un autre côté, dans la société d'avenir dont il ébauche le plan, M. Bernard Lavergne ne donne pas aux producteurs et à leurs organes l'importance qu'on doit leur accorder quand, se plaçant, comme il entend le faire, à un point de vue réaliste, on veut bâtir sur le roc solide des institutions et des forces déjà existantes. C'est un des traits dominants de notre économie contemporaine, un de ceux qui la différencient le plus de l'organisation d'il y a un demi-siècle, que le rôle croissant joué par les unions de producteurs, qu'il s'agisse des chefs d'entre-

(1) Bernard LAVERGNE, *Suffrage universel et Suffrage collectif*, p. 362.
(2) *Id.*, p. 389.

prise groupés en cartels, en trusts, en syndicats patronaux, qu'il s'agisse de la main-d'œuvre groupée en syndicats ouvriers, fédérations régionales et professionnelles, confédérations nationales, internationales syndicales. Assurément, il suffit d'observer avec attention la vie de ces groupements pour se rendre compte que leur action ne s'exerce pas toujours dans le sens du bien public. Et, à mesure que leur puissance augmentera, il sera sans doute de plus en plus indispensable que l'Etat canalise et surveille leur activité. Il n'en reste pas moins que, dans la société de demain plus encore que dans celle d'aujourd'hui, si l'évolution en cours se prolonge dans le même sens, les groupements de producteurs et leurs représentants seront une des forces principales qui interviendront dans le mécanisme des échanges et la fixation des prix. Ajoutons qu'en une certaine mesure cette intervention nous paraît légitime et nécessaire. M. Bernard Lavergne nous dit bien, il est vrai, que, dans la société coopératisée de demain, l'ouvrier n'aura plus aucune raison de se servir de l'arme de l'action collective pour demander des augmentations de salaire, vu que ces augmentations auront cessé de présenter pour lui un intérêt quelconque. A supposer, en effet, qu'un ouvrier obtienne un relèvement de son taux de rémunération nominale, la hausse du coût de production qui s'ensuivra pour les marchandises à la fabrication desquelles il s'emploie entraînera fatalement un relèvement parallèle de leur prix de vente. Ce relèvement, à son tour, déclenchera une hausse des prix dans les autres branches de la production dont, comme consommateur, notre ouvrier supportera la charge. Finalement, son salaire réel n'aura donc pas augmenté. D'où cette formule de M. Bernard Lavergne : « Un ouvrier travaillant à une coopérative n'a presque aucun intérêt personnel à un relèvement du taux de salaire. »[1]. Avouons que tout ce raisonnement nous

(1) *Ordre coopératif*, p. 57.

semble bien théorique. Il suppose, outre une généralisation intégrale de la production coopératisée qu'il est peut-être chimérique d'escompter, un automatisme, un parallélisme, une instantanéité dans les variations des prix et des valeurs que l'on n'a pratiquement aucune chance de rencontrer jamais dans la vie économique réelle. Demain comme aujourd'hui, il est vraisemblable qu'entre les mouvements des prix des diverses marchandises, comme entre les variations respectives des prix et des salaires, on observera des diversités et des décalages, qui sont la conséquence de ce que la réalité économique ne se meut pas avec la rapidité et la fluidité de l'air et de l'eau. Et, dans la société qu'imagine M. Bernard Lavergne, où les consommateurs associés auraient la « suzeraineté » économique, rien ne nous garantit qu'ils n'abuseraient pas de leur puissance pour imposer aux producteurs des conditions de rémunération et de vie injustes. Aussi, nous semble-t-il, à côté des coopératives luttant pour l'établissement et le respect du juste prix (c'est-à-dire protégeant les acheteurs contre des prétentions excessives de la part des producteurs), il demeurera indispensable que subsistent des syndicats, luttant pour maintenir et, le cas échéant, relever la rémunération des travailleurs et leur assurer un juste salaire. A cette double condition seulement, on pourra être certain que le bénéfice des progrès de la technique et de la maîtrise croissante de l'homme sur la nature se partageront, comme il est équitable, entre producteurs et consommateurs.

Enfin, même si l'on pense, — comme personnellement nous inclinons à le faire, — que l'économie collective est destinée, dans l'organisation de l'avenir, à tenir une place de premier rang, on doit, croyons-nous, maintenir au principe de l'économie privée et de l'entreprise individuelle une place plus large que ne paraît le faire M. Bernard Lavergne. En tant qu'elle s'appuie sur des données de fait, sa construction repose principalement sur l'exemple des grandes régies coopératives belges. Mais il est visible que notre auteur leur donne une importance et une portée que véritablement elles n'ont point [1]. Ces régies, au nombre de cinq seulement, se classent dans des compartiments très particuliers de la vie économique. La première, la plus ancienne, est une association de crédit; la seconde, une société de chemins de fer; la troisième, un service de distribution d'eau; la quatrième, une mutuelle d'assurance; la cinquième, une entreprise d'habitation à bon marché. Dans ces divers cas on voit qu'il s'agit de services dont le fonctionnement présente une régularité qui se prête à une formule de gestion plus administrative qu'économique, ou d'entreprises qui, reposant sur le jeu de la loi des grands nombres, ont, par nature même, un caractère massif et collectif. Il est clair que leur succès n'est plus démonstratif si l'on songe à généraliser le système à toute la vie économique. S'agissant d'industries nouvelles et aléatoires, qui impliquent des risques dont on ne peut par avance mesurer numériquement l'étendue et la gravité, ou s'agissant d'industries qui supposent chez leurs dirigeants une grande souplesse d'adaptation aux conditions changeantes du marché, il se peut que la formule de gestion collective et publique demeure foncièrement inadéquate, en raison de son esprit forcément plus bureaucratique. S'il en est ainsi, il y a lieu de nuancer encore l'image que l'on se fera de la société de demain et d'admettre que, peut-être, dans une économie devenue principalement collective et publique, des îlots importants d'exploitation individuelle et privée devront subsister, sauf, lorsque ces industries nouvelles et mobiles auront, par l'effet de l'évolution de la technique et des goûts, pris une suffisante stabilité, ou lorsque, la con-

(1) Cf. dans le même sens, Ch. Gide, *L'Ordre coopératif* (*Revue d'économie politique*, 1927, p. 972).

centration ayant fait son œuvre, l'état initial de concurrence se sera atténué, à étendre à ces industries et services le régime de la gestion coopérative ou publique.

*
* *

Sur un dernier point il me paraît que M. Bernard Lavergne donne de la réalité coopérative actuelle une interprétation contestable et se fait de l'avenir de l'institution une image erronée. Tout l'effort doctrinal de M. Bernard Lavergne vise à construire sur des bases strictement réalistes une doctrine coopératiste autonome. Ce souci d'autonomie, nous l'avons rencontré déjà chez les premiers adeptes de l'Ecole de Nîmes. En théorie et en fait, leur coopératisme était très nettement distinct à la fois du libéralisme économique et du socialisme collectiviste. Mais, nous l'avons noté, ce qui leur permettait d'asseoir solidement cette autonomie, c'était le soubassement éthico-religieux de leur thèse. Quoique M. Bernard Lavergne écarte ce soubassement, il n'en maintient pas moins au coopératisme le caractère d'une doctrine autonome, et, en particulier, il considère que le coopératisme est, et doit demeurer, séparé du socialisme. De fait, M. Bernard Lavergne n'a rien d'un socialiste, et son ouvrage abonde en formules de dérision et de dédain à l'égard des doctrines socialistes, qu'il s'agisse du marxisme ou des systèmes prémarxistes (1).

En réalité, le problème des rapports entre la coopéra-

(1) Cf. cependant ces déclarations récentes de M. Bernard LAVERGNE. « L'ordre coopératif est incontestablement un ordre socialiste, mais d'une variété, d'une espèce essentiellement nouvelle. » (*Philosophie et avenir de l'ordre coopératif* [*Revue des études coopératives*, janv.-mars 1928, p. 17.]) « Le coopératisme ayant séparé l'ivraie du bon grain, renferme toutes les parties saines et vivantes du vieux socialisme français du début du siècle dernier. » (*Le socialisme coopératif ou le retour au socialisme associationniste d'avant* 1848 [*Revue des études coopératives*, avril-juin 1928, p. 274].)

tion et le socialisme s'est trouvé compliqué et obscurci par les débats auxquels a donné lieu, en France, la question de la neutralité coopérative [1]. On sait qu'après des péripéties diverses et de longues controverses, la thèse de la neutralité a chez nous triomphé en 1912. Quelque opinion que l'on professe sur la nature et l'avenir du mouvement coopératif, on doit reconnaître qu'étant données les conditions particulières du mouvement socialiste en France la neutralité était opportune. En rompant toute attache officielle avec le socialisme, le mouvement coopératif a pu augmenter son champ d'action et éviter à peu près complètement d'être pris et emporté dans les remous que les divisions socialistes ont entraînés. Mais, ceci une fois admis, la question reste entière de savoir quelles sont les tendances profondes de la coopération. M. Bernard Lavergne voit en elle une institution qui se suffit à elle-même. De fait, si sa conception coopératiste, telle que nous avons essayé de l'exposer, se réalisait, avec les corollaires qu'elle implique : disparition de l'étatisme économique et subordination sans réserve du producteur au consommateur, il y aurait bien là quelque chose de tout à fait différent, et du collectivisme, et du syndicalisme. Mais, à cet égard, M. Bernard Lavergne nous paraît plutôt un isolé [2]. Si de ses écrits on passe à ceux de M. Ernest Poisson, on voit que ce dernier, tout en étant un partisan résolu de la neutralité coopérative, n'en affirme pas moins le caractère intimement socialiste de la coopération [3]. Si l'on se demande dans quels milieux économiques et sociaux se recrute la masse des

(1) Sur la question de la neutralité coopérative, cf. de judicieuses observations dans G. Lasserre, *Les obstacles au développement du mouvement coopératif*, Thèse de droit, Lyon, 1927, Librairie du *Sirey*, éditeur.

(2) Ernest Grunfeld, *La Coopération vue sous l'angle de la théorie économique et sociale* (*Revue des études coopératives*, avril-juin 1927, p. 269).

(3) Ernest Poisson, *La République coopérative*. Paris, Grasset, 1920. *Socialisme et Coopération*, Rieder, 1922.

coopérateurs, on constate qu'en très grande majorité ils appartiennent aux milieux ouvriers et petits fonctionnaires, fortement teintés de convictions socialistes. Si, poursuivant l'examen, on recherche le *curriculum vitae* des dirigeants du mouvement coopératif, on s'aperçoit qu'à part quelques exceptions comme celles de M. Charles Gide et de M. Bernard Lavergne, les chefs de la coopération de consommation, à commencer par M. Ernest Poisson, sont en même temps des militants d'une des fractions du socialisme. Et l'on remarque également que ce sont généralement les coopératives socialistes (sinon par leur couleur officielle, du moins par les sentiments de leurs adhérents) qui demeurent le plus fermement fidèles à l'idéal des Pionniers de Rochdale, dont les membres ont à l'égard de leur société une constance capable de résister aux suggestions de l'intérêt personnel immédiat et consentent à abandonner à des œuvres d'éducation ou d'entr'aide sociale une part importante des ristournes. Si, enfin, on élève les yeux au delà des frontières de la France, on remarque qu'en certains pays, comme la Belgique, où le mouvement coopératif est remarquablement puissant et ardent, il entretient avec le parti socialiste belge des relations d'étroite fraternité, et qu'en Angleterre les coopératives, longtemps demeurées jalouses de leur autonomie, ont conclu, il y a quelques mois, une entente ouverte avec le travaillisme.

Tous ces faits nous donnent de sérieuses raisons de penser que la coopération de consommation est moins l'assise unique d'une construction sociale autonome que l'un des piliers d'un ordre nouveau, dont l'économie syndicale et l'économie publique sont les autres soutiens. Nous rejoignons ainsi par une voie différente la conclusion à laquelle nous étions déjà parvenu, à savoir que, si M. Bernard Lavergne a raison d'avoir foi en l'avenir du mouvement coopératif et de saluer en lui une ébauche de l'organisation économique de l'avenir, il a tort peut-être de ne pas apercevoir les limites qu'en divers sens il comporte et la nécessité de le rattacher à un ensemble qui, en l'intégrant, le dépasse (1).

(1) Cette étude a été publiée initialement dans la *Revue de métaphysique et de morale*, n° de janvier-mars 1928. M. Bernard LAVERGNE y a répondu dans le numéro suivant (avril-juin 1928) sous le titre *Réponse à quelques critiques touchant les « Nouveaux aspects de la doctrine coopératiste »*. Au moment où nous corrigeons les épreuves de ce livre, nous parvient le numéro du *Bulletin de la Société française de philosophie*, qui contient le compte rendu de la séance du 26 décembre 1927 consacrée à l'*Ordre coopératif* de M. Bernard LAVERGNE. La discussion, magistralement dirigée par M. Charles Andler, mérite d'être lue et méditée.

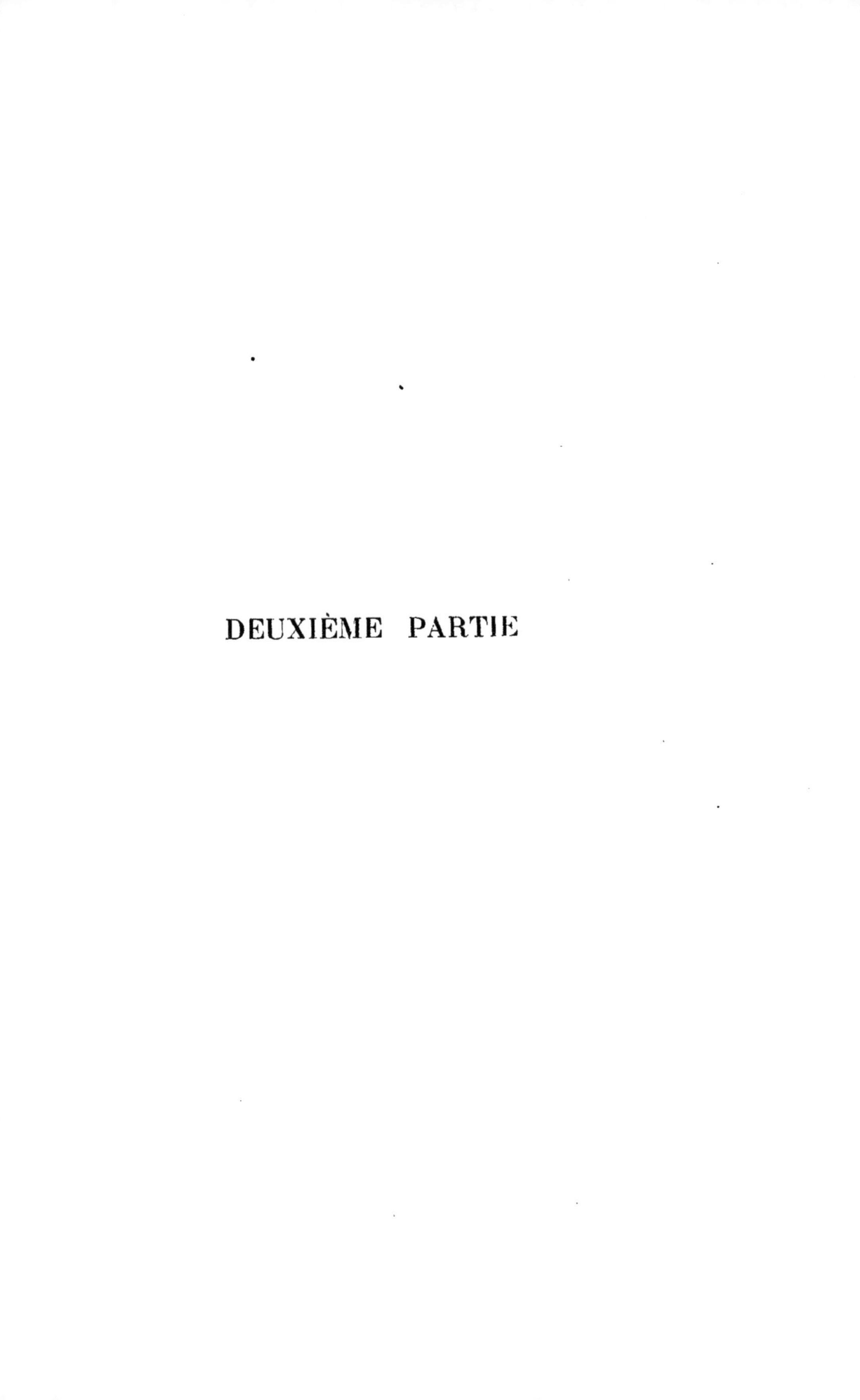

DEUXIÈME PARTIE

CHAPITRE PREMIER

L'ETAT ACTUEL DE LA SCIENCE ECONOMIQUE EN FRANCE (1)

La première impression que laisse un coup d'œil jeté sur la littérature économique française contemporaine est un peu décevante, car on n'aperçoit aucune de ces grandes œuvres fondamentales dont l'apparition marque une étape dans l'évolution de la pensée, et qui apporte une interprétation nouvelle de l'ensemble des faits, objet de

(1) Ce chapitre a paru originairement, en langue allemande, dans le tome I de *Die Wirtschaftstheorie der Gegenwart* (*La Théorie économique du Temps présent*), publié par les soins du professeur Hans MAYER (Julius Springer, éditeur, Vienne, 1927-29). Entrepris avec la collaboration d'un grand nombre d'économistes des deux mondes, cet ouvrage devait être offert à l'illustre professeur autrichien Fr. von WIESER, à l'occasion de son jubilé. Von WIESER étant décédé avant l'achèvement de l'œuvre, elle a été dédiée à sa mémoire. Le tome I donne une vue d'ensemble de l'état actuel de la théorie économique dans les divers pays. L'Allemagne et l'Autriche ont été traitées par J. SCHUMPETER; l'Amérique par A. FETTER; l'Angleterre par M. HIGGS; l'Italie par A. GRAZIANI, etc. C'est le chapitre relatif à la France que nous reproduisons ici. Les trois autres volumes reprennent analytiquement les principaux problèmes d'économie théorique; sur chacun d'eux, les auteurs qui les ont spécialement approfondis exposent leurs vues personnelles. Parmi les collaborateurs français, signalons : pour le tome II, MM. ROCHE-AGUSSOL et Ch. BODIN (*Théorie de la valeur et des prix*), M. AFTALION (*Théorie de la monnaie*); pour le tome III, M. Ch. GIDE (*Théorie du salaire*); pour le tome IV, MM. J. LESCURE (*Théorie des crises*), Edg. ALLIX (*Science des finances*), Ed. LASKINE (*Théorie économique du socialisme*).

la science (1). La France d'aujourd'hui n'a rien, à cet égard, de comparable à l'œuvre des Physiocrates ou de Walras ou, — pour emprunter des exemples à la littérature étrangère récente et en ne parlant cependant que des morts, — à celle d'un Marshall, d'un Menger ou d'un Pareto. La science économique française actuelle, sauf quelques très rares exceptions (2), s'attache de préférence aux analyses fragmentaires, poussées dans le détail, plutôt qu'aux reconstructions scientifiques de synthèse. Mais ces fragments, disparates en apparence, offrent un très réel intérêt, et, à défaut d'une communauté d'objet, il y a entre eux certaines ressemblances d'esprit, qui don-

(1) Il a paru en ces dernières années un grand nombre d'ouvrages élémentaires où se retrouvent les qualités d'ordre et de clarté que l'on s'accorde d'ordinaire à reconnaître comme caractéristiques de l'esprit français. (Cf. surtout H. Truchy, *Cours d'Économie politique*, Librairie du *Sirey*, t. I, 3e éd., 1929; t. II, 2e éd., 1927; *Précis élémentaire d'économie politique*, Librairie du *Sirey*, t. I, 1926, t. II, 1928; C. Perreau, *Cours d'économie politique*, Librairie générale, t. I, 4e éd., 1928; t. II, 3e éd., 1927; B. Nogaro, *Traité élémentaire d'économie politique*, Giard, 2e éd., 1921; P. Reboud, *Précis d'économie politique*, *Dalloz*, t. I, 2e éd., 1928; t. II, 1er fasc., seul paru, 1re éd., 1927.) Ces divers ouvrages n'ont pas réussi à éclipser complètement leurs aînés, ceux de Ch. Gide (*Principes d'économie politique*, 1 vol. in-16, Librairie du *Sirey*, 25e éd., 1926; *Cours d'économie politique*, 2 vol. in-8o, Librairie du *Sirey*, 8e et 9e éd., 1925-26, qui continuent d'être les livres élémentaires les plus répandus dans le grand public, en même temps que les plus connus à l'étranger, comme l'attestent les traductions en dix-sept langues qu'ils ont reçues. Les manuels de Ch. Gide méritent, au reste, pleinement cette vogue persistante par leur incomparable talent de forme et demeureront sans doute longtemps les meilleurs instruments que l'on puisse mettre dans les mains de ceux qui, indépendamment de toute préoccupation d'examen, désirent s'initier sans trop d'efforts à l'économie politique. L'envers de leurs qualités, c'est que les aspects ardus de la science économique, telle qu'on la comprend aujourd'hui, y sont tellement dissimulés sous les images et les développements littéraires qu'un lecteur non averti risque de ne pas toujours les apercevoir. A cet égard, quelques-uns des manuels plus récents, grâce à une présentation plus didactique, et à un exposé plus précis des théories modernes d'économie scientifique, servent mieux les objectifs scolaires du public nombreux des étudiants des Facultés de droit.

(2) La plus notable est celle de Ch. Bodin. Cf. ses *Principes de science, économique*, Librairie du *Sirey*, 1926.

nent à l'apport français une place particulière et une physionomie propre.

I. — La méthode.

Le caractère principal qui me paraît marquer l'attitude présente des économistes français au point de vue méthodologique, c'est le refus très général de prendre à cet égard une position extrême et unilatérale et de se prononcer soit pour une méthode abstraite, où les faits ne joueraient qu'un rôle effacé et secondaire, soit pour une méthode positive d'où la déduction serait presque complètement bannie. Par là, les économistes français se différencient nettement aussi bien des théoriciens de l'économie pure que des adeptes de l'historisme et de l'économie purement descriptive.

a) La volonté d'écarter tout exclusivisme va, chez les uns, qui sont les plus nombreux, jusqu'à la négation même du conflit des méthodes (1). On déclare que ce conflit appartient au passé, qu'il n'a pu naître que d'exagérations réciproques, qu'il ne présente plus aujourd'hui d'intérêt et que les discussions sur la méthode ne sont d'aucune utilité. La vraie méthode de l'économie politique serait, si l'on en croit les partisans de cette opinion, une méthode intermédiaire et mixte. Elle aurait recours à la fois à l'induction et à la déduction. En raison de la complexité des faits économiques et de l'impossibilité de l'expérimentation, elle accorderait à la déduction un rôle plus large que les sciences ordinaires dites expérimentales. Plus que ces dernières, elle se servirait de l'introspection pour obtenir les données simples sur lesquelles les raisonnements s'échafauderaient et elle recourrait à l'hypothèse comme succédané de l'expérience. Mais

(1) Cf. H. TRUCHY, *op. cit.*, I, p. 83-85, et *Les méthodes en économie politique*, dans *Les méthodes juridiques*, Giard, 1911, p. 85-104; C. PERREAU, *op. cit.*, I, p. 20-33; Ch. GIDE, *op. cit.*, I, p. 18-26.

elle s'efforcerait de garder, au cours des phases successives de la recherche scientifique, un contact constant avec les faits, en particulier au point de départ, pour être assurée de ne pas engager à faux la déduction, au point d'arrivée, pour en contrôler les résultats. En somme, la méthode de l'économie politique comporterait, comme celle des sciences ordinaires, les trois opérations classiques : observation, hypothèse, vérification, avec un dosage un peu différent, où la déduction tiendrait plus de place parce que l'induction serait moins aisément utilisable. Le souci de modération et de conciliation de ces économistes éclectiques les conduit à se montrer assez tièdes à l'égard de l'économie mathématique. Ils n'en nient pas absolument la possibilité, mais ils en contestent la fécondité. Les formules mathématiques, disent-ils, sont trop rigides et trop simples pour pouvoir enserrer le réel dans sa mobilité et dans sa variété, et, par suite, elles sont incapables de nous éclairer sur la vie économique concrète. Il ne sera pas inutile de signaler que telle est, par exemple, l'opinion de C. Colson, que l'on considère souvent à tort comme un adepte de la méthode mathématique en économie politique parce qu'il a été l'un des premiers en France à se servir de graphiques pour illustrer la théorie des prix. Sans contester que l'emploi des formules mathématiques puisse « conduire en quelques cas à des résultats intéressants » et qu'elle puisse aussi « fournir des comparaisons ou des analogies qui permettent de mieux faire saisir la nature de certains phénomènes et de préciser le sens et la portée de certaines lois », C. Colson déclare expressément que la méthode mathématique ne saurait être considérée comme la méthode normale, et il porte sur les économistes mathématiciens ce jugement, qui est loin d'un acte de foi en la valeur de leurs procédés : « Il nous semble bien que, tant qu'ils restent dans les cas simples, leurs démonstrations peuvent être présentées tout aussi bien en langage ordinaire, et que, quand ils en sortent, ils risquent fort de s'écarter de la réalité. »[1].

b) Cette position éclectique, si elle pouvait être adoptée sans inconvénient par les auteurs de manuels ou de traités qui exposent la science faite, n'était pas tenable pour ceux qui ont l'ambition d'apporter leur pierre à l'édifice de la science en voie de formation. Car il y a bien en réalité, quoi qu'on en dise, un conflit des méthodes, qui, s'il s'est atténué peut-être dans la forme, n'en subsiste pas moins au fond[2]. Et celui qui veut entreprendre l'étude scientifique d'une question économique doit nécessairement opter : soit prendre comme point de départ les faits économiques objectivement observés, soit, s'il estime que de l'observation directe rien de scientifique ne peut sortir, se contenter des données simples que l'introspection ou le bon sens suffisent à fournir. C'est ce dernier parti qu'adopte Ch. Bodin[3], qui construit toute une explication de ce qu'il appelle l' « économie simple » sur des abstractions établies à l'aide de la psychologie individuelle. De même A. Aupetit[4] et, plus récemment, M. Lenoir[5], J. Rueff[6], F. Divisia[7], affirment la possibilité et la fécondité d'une économique rationnelle et déductive, qui aura le maximum de sûreté et de rigueur si l'on se sert, pour la construire, des procédés mathématiques. Toutefois, même chez ces adeptes de la méthode abstraite se marque le souci d'éviter l'exclusivisme méthodologique et de garder le contact avec le réel. Ch. Bodin critique très vivement la notion de l' « *homo economicus* » et choisit ses abstractions de telle manière

(1) C. Colson, *Cours d'économie politique*, Gauthier-Villars, t. I, p. 39.
(2) Cf. B. Nogaro, *op. cit.*, p. 576-579.
(3) *Principes de science économique*, Librairie du *Sirey*, 1926.
(4) *Essai sur la théorie générale de la monnaie*, Guillaumin, 1901.
(5) *Etudes sur la formation et le mouvement des prix*, Giard, 1913.
(6) *Des sciences physiques aux sciences morales*, Alcan, 1922.
(7) *Economique rationnelle*, Doin, 1928.

que, tout en étant assez simples pour permettre le raisonnement pur, elles demeurent pourtant « assez voisines de la réalité pour qu'il ne résulte pas de leur emploi une déformation dangereuse de la vie » (1). A. Aupetit, à côté de l'économique rationnelle, admet la légitimité et la nécessité d'une économique expérimentale. Bien plus, il pratique successivement l'une et l'autre. Et ce n'est pas là, sous un nouveau nom, la distinction, chère à beaucoup de partisans de la méthode abstraite, entre l'économie pure et l'économie appliquée (2), car l'économique expérimentale d'A. Aupetit étudie exactement les mêmes questions et aboutit aux mêmes conclusions que son économique rationnelle. A. Aupetit affirme explicitement que la synthèse rationnelle et l'analyse expérimentale poursuivent le même objectif. Il lui semble qu'il est d'une bonne méthode scientifique de les employer séparément, mais que, finalement, on constatera une coïncidence entre les lois abstraites de l'économique rationnelle et les lois empiriques de l'économique expérimentale, coïncidence qui sera la garantie de la vérité des unes et des autres (3). M. Lenoir procède également à deux séries de recherches absolument séparées. Les unes, conduites par la méthode déductive et mathématique appliquée « à partir de quelques faits de psychologie d'observation commune », sont destinées à éclairer l'aspect statique du mécanisme économique. Les autres, à base d'observation et de comparaisons statistiques, se proposent de nous renseigner sur la dynamique économique. J. Rueff, en même temps qu'il nous présente, sous le nom d' « économie euclidienne » le schéma d'un système d'économique purement rationnelle, reconnaît que les lois de l'économie politique sont des lois statistiques et qu'il n'y a « pas plus d'économie politique de l'individu que de ther-

(1) *Op. cit.*, p. 37.
(2) Cf. E. Antonelli, *Principes d'économie pure*, Rivière, 1914.
(3) *Op. cit.*, p. 18-32.

mo-dynamique de la molécule (1), et dans sa récente *Théorie des phénomènes monétaires* (2), il procède à une confrontation détaillée de ses vues théoriques avec les enseignements positifs de l'histoire économique des dix dernières années. Enfin, F. Divisia, s'il estime que l'économiste, étant privé de l'expérimentation, doit recourir très largement au raisonnement, entend cependant que l'économique rationnelle ne consiste pas simplement en une « vaste construction déductive » dont l'observation serait absente (3).

Par cette préoccupation de vivifier les abstractions dont ils partent et de vérifier expérimentalement les lois auxquelles ils aboutissent, les partisans français de la méthode déductive se distinguent, me semble-t-il, des théoriciens de l'économie purement abstraite et rationnelle.

c) La possibilité d'appliquer aux sciences sociales, et à l'économie politique en particulier, une méthode en tous points comparable à celle des sciences dites expérimentales a été affirmée de manière très catégorique par celui des économistes français contemporains qui a consacré le plus d'attention aux problèmes méthodologiques, le seul qui les ait abordés de front : F. Simiand (1). Il suffira sans doute ici de rappeler les articulations principales de la thèse méthodologique de F. Simiand. Il part de ce postulat que la science économique a pour objet de connaître et d'expliquer la réalité économique.

(1) *Des sciences physiques aux sciences morales*, p. 138; *L'Economie politique science statistique* (*Revue de métaphysique et de morale*, 1925, p. 475 et s.).

(2) Payot, 1927.

(3) Divisia, *op. cit.*, 10-15.

(4) *La méthode positive en science économique*, Alcan, 1912; *Statistique et expérience*, Rivière, 1922. F. Simiand a donné également dans l'*Année sociologique* (Alcan), de nombreux comptes rendus bibliographiques où les discussions de méthode tiennent une très large place.

Et il en tire la condamnation formelle de la méthode abstraite, à laquelle il reproche : 1° de se servir de prémisses arbitraires qui laissent en dehors d'elles ce qu'il y a d'essentiel et de spécifique dans la réalité; 2° d'y superposer des raisonnements qui ne sont rigoureux qu'en apparence et impliquent une intervention subreptice de l'observation quand la chaîne déductive rencontre plusieurs solutions également possibles rationnellement; 3° d'aboutir à des conclusions incapables d'expliquer et d'éclairer le réel. Mais ce qui donne à la position méthodologique de F. Simiand son intérêt et sa nouveauté, c'est qu'il ne se montre pas moins dur pour l'adversaire ordinaire de l'économie abstraite : l'historisme. A ceux qu'il appelle les historiens historisants, F. Simiand fait grief de méconnaître les conditions de la recherche scientifique, de se borner à la description des faits singuliers sans comprendre qu'il n'y a de science que du général, et que le général n'apparaît qu'au terme d'une opération nécessaire d'abstraction[1]. La seule méthode féconde en économie politique, comme dans toute branche du savoir scientifique, lui semble être celle qui, par l'abstraction, s'élèvera des faits directement observés à des concepts généraux et soumettra à l'épreuve souveraine de la vérification positive les résultats du raisonnement. F. Simiand pousse si loin la reconnaissance des droits de la déduction qu'il n'hésite pas, dans une de ses études les plus fouillées [2], à admettre comme parfaitement légitime une économie mathématique, à condition que celle-ci travaille sur des abstractions tirées des faits, et non sur des notions empruntées à la psychologie individuelle, et qui laissent en dehors d'elle ce qu'il y a de social dans les données du problème économique.

(1) Cf., pour la critique de l'historisme, le compte rendu, par F. Simiand, du livre de P. Mantoux, *La Révolution industrielle au* XVIIIe *siècle*, dans *Année sociologique*, t. X, p. 540-551; *Méthode historique et science sociale* (*Revue de synthèse historique*, 1903); *La causalité en histoire* (*Bulletin de la Société française de philosophie*, 1906 et 1907).

(2) *La Méthode positive en science économique*, p. 102-132.

On aura aperçu que cette conception méthodologique se distingue de l'opinion courante éclectique en ce qu'elle se refuse à admettre pour l'économie politique une méthode spéciale et à accorder à la déduction et à l'hypothèse un rôle plus large que celui qu'elles jouent dans la méthodologie scientifique ordinaire. Lorsqu'on lui objecte que l'extrême complexité des faits sociaux et l'impraticabilité de l'expérience en matière économique rendent cet élargissement de la déduction indispensable parce qu'elles rendent stérile, au point de vue scientifique, l'observation du réel social, F. Simiand répond, avec son maître E. Durkheim, que, des quatre méthodes de l'induction baconienne, il en est au moins une, celle dite des variations concomitantes, qui, dans les sciences sociales, peut être mise en œuvre, ce qui, pratiquement, aboutit à considérer la statistique comme l'instrument essentiel de l'observation et la base naturelle de l'abstraction (1).

Le retentissement de ces vues méthodologiques a été grand parmi les économistes et sociologues français de la jeune génération (2). Il l'eût été davantage encore, sans doute, si la campagne de F. Simiand en faveur d'une méthode positive ne s'était accompagnée d'affirmations et de conceptions proprement sociologiques, qu'hésitent à admettre ceux qui, tout en n'ayant aucun préjugé contre la sociologie (3), croient que l'économie politique perdrait plus qu'elle ne gagnerait à se résorber en elle, et aussi ceux qui, tout en admirant l'œuvre scientifique d'E. Durkheim, répugnent à considérer comme vraies

(1) F. Simiand voit même dans la statistique une sorte d'expérimentation. Cf. son petit livre, *Statistique et expérience*. Cf. également L. March, *La Méthode statistique en économie politique*, dans *Problèmes actuels de l'économique*, Armand Colin, 1921.

(2) Cf. l'intéressante étude critique de René Courtin, *De quelques systèmes d'économiques non psychologiques* (*Revue d'histoire économique et sociale*, 1928, n° 1, p. 53 et s.

(3) Cf. R. Maunier, *Economie politique et sociologie*, Giard, 1910; *Leçons d'introduction à la sociologie comparée*, 1928.

certaines des formules catégoriques et tranchantes de sa doctrine. Mais, même si l'on conteste la partie proprement sociologique des thèses de F. Simiand, sa position méthodologique demeure très forte. Et des économistes comme A. Aftalion, B. Nogaro, Ch. Rist, F. Simiand lui-même, et bien d'autres, ont montré, — ce qui est encore la meilleure façon de justifier une méthode, — que, par l'analyse et la confrontation judicieuse des statistiques, on peut découvrir des vérités scientifiques importantes. Malheureusement, l'enseignement de la statistique est, en France, extrêmement rudimentaire. Il n'est guère donné qu'à Paris, à la Faculté de droit et à l'Institut de statistique qui y est annexé. La littérature sur la matière n'était représentée jusqu'à ces derniers temps que par de petits ouvrages, déjà anciens, de F. Faure et A. Liesse, et la France ne possédait aucun grand traité de statistique méthodologique qui puisse être comparé par exemple à ceux de Bowley, de R. Benini, de G. Mortara. Il en résulte qu'en dehors de quelques spécialistes peu de personnes encore aujourd'hui, même parmi celles qui font profession d'étudier les questions économiques, se rendent compte des ressources que la technique moderne des comparaisons statistiques fournit à l'économiste désireux d'asseoir sur des bases positives une explication scientifique. La parution du *Cours de statistique* (1) de A. Aftalion est venue heureusement combler cette lacune. Mais elle est de date trop récente pour avoir pu encore porter ses fruits (2).

II. — La valeur et les prix.

Quelques auteurs français contemporains voudraient bannir de la science économique la notion même de la valeur. En 1901, A. Aupetit déclarait : « L'expression

(1) Paris, *Les Presses universitaires de France*, 1928.

(2) Cf. notre compte rendu de cet ouvrage, *Revue d'économie politique*, 1928, p. 413.

de valeur, aujourd'hui vide de tout contenu, nous paraît... appelée à disparaître du vocabulaire scientifique. » [1]. En 1912, Ch. Brouilhet affirmait à son tour que l'étude de la valeur est « entièrement fictive » et que la valeur elle-même n'est « qu'une hypothèse inutile » [2]. Parmi les auteurs plus récents, H. Briot n'est pas éloigné de se ranger à la même thèse puisqu'il estime que « la théorie approfondie de la valeur n'est pas... indispensable à l'économie raisonnée » et qu'il lui préfère, comme plus claire et plus précise, l'idée de prix [3]. Ch. Bodin, s'il ne renonce pas à parler de la valeur, ne lui reconnaît pourtant qu'une place accessoire et subordonnée dans l'ensemble des notions économiques fondamentales et élimine complètement, comme ambigu et contradictoire, le concept de valeur d'échange [4].

En très grande majorité, les économistes français ont refusé, jusqu'ici du moins, de souscrire à cette condamnation totale et partielle de la valeur. Ils restent convaincus, avec Ch. Gide, que l'idée de valeur domine l'économie politique tout entière [5], et, avec Ch. Turgeon, que la valeur est « le phénomène central et la notion essentielle de la science économique » [6].

Quelle attitude ces économistes vont-ils prendre à l'égard de la grande théorie de la valeur dite de l'utilité limite, finale ou marginale, qui a suscité tant de controverses doctrinales dans le dernier demi-siècle?

(1) *Essai sur la théorie générale de la monnaie*, p. 85.
(2) *Précis d'économie politique*, Roger, 1912, p. 499.
(3) *L'Economie raisonnée*, Gauthier-Villars, 1922, p. 33-34. H. Briot prend ainsi le contre-pied de l'opinion de K. Menger, qui, on le sait, estimait fondamentale la théorie de la valeur et secondaire celle du prix.
(4) *Op. cit.*, p. 380-389 et p. 455.
(5) *Principes d'économie politique*, 12e éd., p. 36.
(6) *Etudes sur la valeur*, Librairie du Sirey, 3 vol., 1925-1927. Cf. *infra* (2e partie, chap. II), notre étude sur cet ouvrage.

a) Deux économistes français de premier plan, Ch. Rist et A. Aftalion, ont apporté à la théorie de l'utilité marginale une adhésion de principe très nette. Ch. Rist, dans une étude célèbre de la *Revue de métaphysique et de morale* (1), en a exposé avec une élégante concision les lignes principales, en y ajoutant les réserves nécessaires quant aux conclusions que certains tiraient de cette théorie en faveur d'une apologétique individualiste et optimiste. Plus récemment, rendant compte du Cours d'économie politique d'H. Truchy (2), Ch. Rist soulignait à nouveau la très grande portée de la théorie de l'utilité finale comme moyen d'éducation du raisonnement économique (3). De son côté, A. Aftalion a proclamé à maintes reprises que l'explication de la valeur par la notion de l'utilité marginale lui semblait une acquisition définitive de la science économique moderne et une de ses conquêtes les plus précieuses. Cette explication, A. Aftalion l'admet comme vraie « dans sa teneur intégrale », c'est-à-dire non pas seulement en tant qu'elle s'applique aux biens de consommation, mais aussi en tant qu'elle

(1) Ch. Rist, *Economie optimiste et économie scientifique* (Revue de métaphysique et de morale, 1904 et 1907).

(2) Il convient de signaler ici que les grandes œuvres fondamentales autrichiennes et américaines, où s'exprime la théorie de l'utilité marginale, n'ont pas été traduites en français. C'est le cas des *Grundsätze* de K. Menger, de la *Natürliche Werth* de Von Wieser, de la *Théorie positive du capital* de Bohm-Bawerk, et de la *Distribution of Wealth* de J. B. Clark. Nous ne possédons en langue française que des traductions d'articles de K. Menger (*Revue d'économie politique*, 1894) et de Bohm-Bawerk (*Revue d'économie politique*, 1888), quelques résumés d'ailleurs fort bien faits, dus à un économiste trop tôt enlevé à la science française, H. Saint-Marc (*Revue d'économie politique*, 1888) et à un économiste autrichien, S. Feilbogen (*Journal des économistes*, 1911 et 1912), et quelques thèses de doctorat, Cf. surtout C. Guilhot, *Théorie de la valeur d'après l'Ecole autrichienne*, thèse Lyon, 1907; Roche-Agussol, *La Psychologie économique chez les Anglo-Américains*, thèse lettres Montpellier, 1918. Cf. aussi, H.-G. Bousquet, *Des nouvelles tendances de l'Ecole autrichienne* (*Revue d'économie politique*, 1924), et l'ouvrage précité de Ch. et Ch.-H. Turgeon.

(3) *Revue d'histoire économique et sociale*, 1921, p. 177.

s'étend aux services producteurs et qu'elle devient, sous le nom de productivité marginale, le principe d'une théorie de la distribution. Tout au plus établit-il une différence entre la loi de l'utilité finale, qui est « à tous moments directement et définitivement déterminante », et la loi de la productivité marginale, qui n'exprime qu'une tendance, « parce qu'elle implique des répercussions qui n'arrivent jamais à se réaliser pleinement ». Mais, sous cette réserve, à laquelle adhéreraient sans doute les théoriciens les plus fermes de la productivité marginale, et sous la réserve aussi que, pour l'intérêt du capital, il adopte plutôt les vues de Bohm-Bawerk que celles de Von Wieser ou de Clark, A. Aftalion a pris l'utilité finale comme fondement de quelques-uns de ses plus importants travaux. Dans son article sur *Les trois notions de la productivité et les revenus* (1), il s'emploie à mieux définir qu'on ne l'avait fait jusqu'alors les divers sens du terme de productivité, à corriger une erreur commise, à son sens, par plusieurs théoriciens, en ce qui concerne le calcul du montant imputable à chacun des facteurs de la production dans le résultat global de leur emploi combiné, à déterminer le domaine respectif d'influence de la loi de l'utilité marginale, qui commande la productivité en valeur, et de la loi des rendements décroissants, qui règle la productivité en nature. Dans son étude critique des *Fondements du socialisme* (2), A. Aftalion recherche si le socialisme est compatible avec les théories de l'utilité et de la productivité marginale, et aboutit à des conclusions voisines de celles de Von Wieser, dans *Der Naturliche Werth*. Enfin, dans son livre *Monnaie, prix et changes* (3), A. Aftalion applique à la valeur de la monnaie la notion d'utilité finale, et, s'il complète sur certains points la théorie de Wieser, lui

(1) *Revue d'économie politique*, 1911.
(2) Rivière, 1923. Cf. *supra*, première partie, chapitre I.
(3) Librairie du Sirey, 1927.

rend en même temps hommage ainsi qu'aux conceptions « si fines, si fouillées » (1) de l'Ecole autrichienne et américaine en matière de théorie générale de la valeur.

b) A l'inverse, en ces dernières années; plusieurs auteurs français ont pris contre l'utilité marginale une offensive résolue. Tour à tour, Houques-Fourcade (2), Ch. Turgeon (3), Ch. Bodin (4), ont exposé pourquoi, tout en reconnaissant à la théorie de l'utilité finale le mérite d'une analyse intéressante des besoins et de leur satisfaction, ils se refusaient à voir en elle la clef de l'explication de la valeur et des prix (5). Si nous faisons abstraction des nuances individuelles que prend chez chacun de ces auteurs l'analyse critique, nous voyons qu'en somme leurs objections essentielles sont à peu près concordantes. S'agit-il, d'abord, de l'explication, par l'utilité finale, de la valeur d'usage, ils font remarquer que la loi de décroissance de l'utilité n'est point vraie d'une vérité générale. Déjà, naguère, F. Simiand (6) avait noté qu'il y a des besoins pour lesquels la satiété n'existe pas et que le besoin devenu passion croît indéfiniment. Ch. Turgeon, élargissant la remarque, prétend que la règle de l'utilité finale ne s'applique point là où n'existent ni la diversité des usages, ni la possibilité de fragmentation, que donc elle ne vaut que dans un domaine limité et pour des cas exceptionnels. Ch. Bodin va plus loin encore, et déclare que la loi de l'utilité décroissante, loin d'avoir une portée générale, n'est que la constatation d'une coïncidence occasionnelle

(1) *Loc. cit.*, p. 164.

(2) *La Circulation. Valeur, monnaie et crédit*, Toulouse, Soubiron, 1923.

(3) *Op. cit.*, 3e volume.

(4) *Principes de science économique*, p. 283 et s., 456 et s.

(5) H. Truchy admet qu'entre des mains habiles, cette clef ouvre bien des portes; seulement il ajoute : « Mais souvent ce sont des portes derrière lesquelles il n'y a rien. » (*Cours d'économie politique*, I, p. 18, en note.)

(6) *Méthode positive*, p. 195.

entre les variations de l'utilité et celles de la quantité. Enfin, Houques-Fourcade s'attaque au principe d'après lequel l'utilité finale détermine la valeur de chacune des unités interchangeables d'une masse homogène, et affirme qu'au contraire les quantités égales d'une même espèce de biens ont, pour celui auquel elles appartiennent, non seulement des utilités différentes, mais aussi des valeurs subjectives inégales.

C'est surtout lorsqu'il s'agit de rendre compte, par la notion d'utilité limite, des valeur d'échange et des prix, que la théorie, au dire de ses adversaires, s'avère impuissante. Essentiellement, on lui trouve deux lacunes principales :

1° Du fait qu'elle suppose deux échangistes dont les biens ont l'un et l'autre pour chacun d'eux une valeur d'usage, et qu'elle voit dans le prix le résultat de la rencontre des évaluations subjectives des deux co-contractants, la théorie de l'utilité nous ramène au temps de l'économie pré-capitaliste, où les hommes produisaient principalement en vue de leurs propres besoins et, accidentellement, en vue de l'échange. Or, ce qu'il faut avant tout expliquer, c'est la formation de prix sur un marché moderne, où le vendeur apporte des produits qui n'ont pour lui, le plus souvent, aucune valeur subjective appréciable. En cette hypothèse, il semble bien que l'élément qui, du côté du vendeur, influe sur le prix, c'est le coût de production, auquel les classiques attachaient trop d'importance peut-être, mais qu'il est impossible d'écarter complètement. De là résulte la nécessité d'une théorie synthétique, à la fois subjective et objective, où les conditions de la production apparaissent au premier plan à côté du jeu des besoins et des désirs (1).

(1) Cf. cette formule de Ch. Turgeon : « La théorie de l'utilité finale est moins une explication nouvelle du phénomène de la valeur qu'une explication subtile du mécanisme de nos évaluations. » (*Op. cit.*, 3e volume, p. 239.)

L'élégante simplicité de la notion d'utilité limite apparaît alors comme inadéquate à embrasser dans sa complexité la vie économique réelle. Ch. Bodin fait même grief à la théorie de l'utilité finale de son effort d'unification. D'après lui, le problème de la valeur est essentiellement analytique. Il ne consiste pas à mettre à la place de la synthèse contenue dans le mot de valeur une autre synthèse exprimée par le terme d'utilité finale, mais, tout au contraire, à découvrir et à dissocier les éléments divers et distincts dont la valeur est faite, et Ch. Bodin part de là pour s'attacher, avec beaucoup de subtilité, à définir et à distinguer les diverses acceptions et les divers éléments inclus dans le concept courant de valeur.

2° En même temps qu'à tort elle éclipse le producteur derrière le consommateur, la théorie de l'utilité finale aurait le défaut, d'après ses adversaires français, d'effacer le collectif et le social pour ne retenir que l'individuel. La caractéristique du marché n'est-elle pas, cependant, d'être un lieu où se rencontrent et s'affrontent non des besoins individuels et des désirs personnels, mais des prétentions générales et des estimations sociales? Ch. Turgeon, en particulier, a longuement développé cette objection en faisant remarquer que, si le social a toujours pour antécédent l'individuel ancien ou récent, ce social, une fois formé, entraîne, modifie, unifie, les estimations personnelles et les diversités individuelles. Par suite, une théorie réaliste de la valeur doit accorder la plus sérieuse attention aux courants de psychologie sociale, à ces faits d'inter-psychologie que Gabriel Tarde, déjà, reprochait à l'Ecole autrichienne de négliger (1). Il est vrai que certains adeptes récents de la théorie, tels que Seligman ou Irving Fisher, reconnaissant quelque bien-fondé à cette critique, s'ef-

(1) G. Tarde, *Psychologie économique*, t. I, p. 142.

forcent, pour l'écarter, de donner un contenu social à la notion d'utilité marginale, mais Ch. Turgeon juge que c'est là vouloir concilier les contradictoires et que rien de fécond ne saurait sortir de cette tentative désespérée.

c) La grande masse des économistes français d'aujourd'hui se tient également éloignée de l'adhésion complète des uns et de la répudiation expresse des autres. Si nous nous reportons aux récents manuels et traités, nous constatons que tous consacrent des développements assez étendus et plutôt sympathiques à la notion d'utilité finale. Ch. Gide l'a illustrée par un exemple devenu populaire en France : celui des seaux d'eau. Mais il faut bien reconnaître que, généralement, après ce coup de chapeau, on abandonne l'utilité finale, sauf à en redire un mot à propos de la théorie du salaire. Et ce n'est pas d'elle qu'on se sert pour dresser l'armature du système économique. En réalité, l'utilité finale n'a pas pénétré profondément la pensée française. Et cela mérite d'autant plus d'être signalé que cette théorie, en tant qu'elle est un développement de la conception psychologique et subjective de la valeur, tire ses origines, lointaines mais certaines, des vues d'économistes français du XVIIIe siècle tels que Galiani, Condillac, Turgot (1). Seulement, ceux-là mêmes qui admirent l'ingéniosité des analyses autrichiennes ou américaines, et qui jugent trop sévère le réquisitoire de leurs adversaires, sont portés à penser qu'il n'est pas possible de fonder sur la seule utilité une explication complète et satisfaisante, qu'il faut, à côté de l'utilité, tenir compte du coût, et, à côté des conditions de la demande, de cel-

(1) Cf. A. Dubois, *Les Théories psychologiques de la valeur au XVIIIe siècle* (*Revue d'économie politique*, 1897); Lebeau, *Condillac économiste*, thèse Poitiers, 1903; Morand, *La Théorie psychologique de la valeur jusqu'en* 1776, thèse Bordeaux, 1912.

les de l'offre (1). Cela ne signifie pas d'ailleurs qu'on va se borner à reprendre purement et simplement la vieille loi de l'offre et de la demande. A tout le moins s'efforce-t-on de la rajeunir et de la compléter par une présentation plus rigoureuse et un contenu plus précis.

1° Pour écarter l'objection couramment adressée à la loi de l'offre et de la demande dans son libellé classique, à savoir qu'elle prend pour cause ce qui, souvent, est plutôt un effet, et qu'au lieu d'expliquer le prix des biens de consommation par leur coût de production, on peut aussi bien, et même avec plus de logique, expliquer la valeur des services producteurs par celle des biens produits, les économistes français modernes admettent généralement qu'entre le coût et le prix existent des relations fonctionnelles, et non des rapports irréversibles de causalité (2). Cela les conduit à une conception générale du système économique, qui s'apparente avec les théories dites de l'équilibre économique (3). C. Colson, dans le tome I de son grand *Cours d'économie politique* en 6 volumes, applique tour à tour la loi de l'offre et de la demande aux biens de consommation et aux services producteurs, en soulignant les réactions que chacun de ces éléments exerce sur les autres (4). P. Reboud, dans son excellent *Précis d'économie politique* (5), tout en faisant une place aux notions

(1) C'est pourquoi, de tous les grands auteurs étrangers récents, celui qui semble à la plupart des économistes français d'aujourd'hui le guide le plus judicieux est Alfred Marshall.

(2) « A la question de savoir quel est de ces deux termes « coût de production » et « prix de vente » l'élément causal de l'autre, il ne peut y avoir de réponse uniforme et absolue parce que les influences sont réciproques et les effets entre-croisés. » (M. Bourguin, *De la mesure de la valeur* [*Revue d'économie politique*, 1895, p. 917].)

(3) Cf. B. Lavergne, *La Théorie des marchés économiques*, thèse Paris, 1910.

(4) T. I, p. 272.

(5) T. I, p. 448-504.

d'utilité marginale sociale et de coût marginal social, expose une théorie des prix qui est une mise au point très claire et très soignée de la loi de l'offre et de la demande, et où est souligné avec beaucoup de force l'état de mutuelle dépendance entre la quantité vendue, le prix, le coût de production, lesquels, dit P. Reboud, « s'ajustent (ou tendent à s'ajuster) dans une position d'équilibre, comme la clef de voûte d'une arche de pont entre les deux forces contraires qui pèsent sur elle, ou comme un corps pesant soutenu par des cordes élastiques ayant des longueurs, des résistances et des points d'attache différents » (1). Naturellement, l'idée de l'équilibre économique est plus nette encore chez les quelques économistes français qui se réclament de la méthode mathématique. Elle inspire l'exposé de J. Moret, *Les Prix et la théorie générale de l'équilibre* (2), ainsi que l'ouvrage d'un disciple de Walras, E. Antonelli, *Principes d'économie pure* (3), et celui d'un disciple de Pareto, G.-H. Bousquet, *Cours d'économie pure* (4). Et on la retrouve également chez les partisans de l'économique rationnelle : A. Aupetit (5) et M. Lenoir (6).

2° Ceux qui, aux analyses abstraites, préfèrent les recherches positives, s'attachent à compléter et à préciser les théories de l'offre et de la demande et de l'équilibre économique par des études portant sur le mouvement des prix d'une ou plusieurs marchandises déterminées (7) durant une période de temps donnée. M. Le-

(1) *Op. cit.*, p. 487.

(2) *Problèmes actuels de l'économique*, Colin, 1921.

(3) Rivière, 1914. Cf., du même auteur, *Traité d'économie politique*, t. I (seul paru à ce jour), Alcan, 1927.

(4) Rivière, 1928. Cf., du même auteur, *Essai sur l'évolution de la pensée économique*, Giard, 1927.

(5-6) *Op. cit.*

(7) Ou de l'ensemble des marchandises. Cf. J. Lescure, *Hausses et baisses générales des prix* (*Revue d'économie politique*, 1912, p. 452 et s.).

noir, dans les développements d'économie statistique qu'il juxtapose, de la manière que nous avons indiquée plus haut, à ses théories d'économique rationnelle, dresse les courbes de la production, de la consommation, des prix de quatre marchandises : le charbon, le blé, le coton, le café. Pour chacune d'elles, en s'aidant de coefficients de corrélation, il détermine la nature des liens qui unissent aux prix les divers éléments avec lesquels ils sont en relation. Et, à côté de causes générales (mouvements cycliques du côté de l'offre, production des métaux précieux du côté de la demande), il note les influences particulières que subit chaque marchandise suivant qu'il s'agit d'un produit agricole ou industriel, d'un article de luxe ou de première nécessité (1). De son côté, L. Brocard, dans un travail écrit avant la guerre de 1914-1918, publié seulement en 1922, suit depuis 1890 les prix des produits métallurgiques (2). Sa conclusion est que la hausse générale des prix de ces produits s'explique non par une hausse du coût de revient, qui, au contraire, a, sensiblement diminué en raison des progrès de la technique, du développement de l'intégration, de la réduction des frais de transport, etc., mais par l'accroissement continu de la demande, conséquence des progrès de la richesse et du rôle croissant que joue le fer dans la vie des peuples civilisés. Par la combinaison de ces facteurs, L. Brocard explique, en outre, les diversités de détail que l'on peut relever quand on considère non plus l'ensemble des produits métallurgiques, mais tel ou tel d'entre eux. Ici, la réduction du prix de revient apparaît comme jouant son rôle, celui d'un frein à la hausse, qui, sans

(1) Cf. également de M. Lenoir, *Prix, production et consommation* (*Bull. trim. de la statist. génér. de la France*, janv. 1913).

(2) *Revue d'histoire économique et sociale*, 1922. Cf. également F. Simiand, *La Formation et les fluctuations des prix du charbon en France pendant vingt-cinq ans* (1887-1912) (*Revue d'histoire économique et sociale*, 1925).

elle, eût été plus forte, et l'on s'explique que les prix de vente de la fonte et du minerai aient monté bien plus que ceux du fer ou de l'acier, parce que, pour eux, le fléchissement du coût de production, en raison d'un moindre progrès de la technique, a été sensiblement plus faible (1).

III. — La monnaie.

L'expérience monétaire si riche des dix dernières années (2) ne pouvait manquer de susciter en France, comme dans les autres pays, toute une littérature interprétative. Des écrits nombreux consacrés à rechercher les causes et les remèdes de la hausse des prix et des fluctuations des changes, trois études de première importance se détachent, œuvres d'écrivains de tendances assez différentes, et qui, pourtant, par la méthode employée et par les conclusions formulées, présentent de significatives analogies (3).

a) Dans son livre, *La Déflation en pratique* (4), Ch. Rist étudie les faits monétaires qui se sont déroulés en 1919-1923 en Angleterre, aux Etats-Unis, en France, en Tchéco-Slovaquie. La méthode est strictement positive. Ch. Rist, au reste, s'en explique dès la première page de son livre. « Observer les faits, puis essayer de les interpréter en tenant compte de toutes les observations

(1) Cf. sur les prix de monopole les thèses de Sachot (Dijon, 1926) et de Leduc (Aix, 1927). Sur l'influence de la variation des prix sur la consommation, cf. la thèse de Dody (Dijon, 1928).

(2) Sur cette histoire, cf. Germain Martin, *Les Finances publiques de la France et la fortune privée*, Payot, 1925; P. Mendès-France, *Le redressement financier français en 1926 et 1927*, thèse Paris, 1928; Frayssinet, *La Politique monétaire de la France* (1924-1928), thèse Paris, 1928; R. Poincaré, *La Réforme monétaire*, Berger-Levrault, 1928.

(3) Cf. également J. Rueff, *Théorie des phénomènes monétaires*, Payot, 1927; F. Divisia, *L'indice monétaire et la théorie de la monnaie* (*Revue d'économie politique*, 1925 et 1926).

(4) Giard, 1924.

sérieuses, c'est, affirme-t-il, la seule méthode féconde. » Et Ch. Rist ajoute qu'il serait « aussi contraire à la méthode scientifique qu'à la bonne foi » de vouloir tirer à toutes forces des expériences récentes la vérification de telle ou telle théorie *a priori*. Aussi bien les conclusions auxquelles conduit cet examen impartial ne confirment-elles point la théorie classique de la déflation. Ch. Rist établit que la déflation, à elle seule, est incapable d'agir profondément et directement sur le niveau général des prix, et que l'élément déterminant de ce niveau, c'est beaucoup moins le montant de la circulation fiduciaire que le taux du change. Comme, d'autre part, l'expérience le montre clairement, un des plus décisifs parmi les éléments qui commandent le cours du change est la situation des finances publiques, la première étape de l'assainissement monétaire et de la baisse des prix doit être la réalisation de l'équilibre budgétaire. Développées en 1923-1924, ces vues ont reçu des faits ultérieurs une éclatante confirmation. « Remettez d'abord votre budget en équilibre, et tout le reste vous sera donné par-dessus. » C'est par cette phrase que Ch. Rist termine son livre. Les Etats qui n'ont pas suivi ce conseil évangélique en ont été durement punis.

b) S'il prend le contre-pied de la thèse déflationniste courante, Ch. Rist demeure néanmoins fidèle aux grandes conceptions monétaires classiques, et en particulier à la théorie quantitative. B. Nogaro, dans son ouvrage, *La Monnaie et les phénomènes monétaires contemporains* (1), se montre un novateur infiniment plus hardi. Délibérément, il s'attaque aux fondements mêmes de la doctrine classique et aux deux notions de marchandise et de quantité par lesquelles les classiques, et ceux qui aujourd'hui encore les suivent, expliquent la nature et le mécanisme de la monnaie. B. Nogaro étend le champ de son enquête

(1) Giard, 1924. V. aussi le *Traité élémentaire d'économie politique* du même auteur, p. 240-276, et son livre, *Finances et politique*, Giard, 1927.

assez loin dans le passé et recherche les enseignements de l'histoire monétaire des trois premiers quarts du XIXe siècle, que déjà d'ailleurs il avait prise comme base d'étude en divers articles publiés avant la guerre (1), et dont son livre récent n'est que le prolongement. Trois de ses conclusions, principalement, méritent d'être mises en lumière parce qu'elles mesurent l'étendue de la réaction tentée par B. Nogaro à l'encontre des conceptions monétaires traditionnelles. En premier lieu, s'agissant de la *nature* de la monnaie, B. Nogaro montre très fortement que le concept de monnaie s'oppose au concept usuel de marchandise et qu'à mesure que se développe la notion de monnaie elle se détache peu à peu de celle d'une « quantité déterminée d'une marchandise déterminée », pour devenir la notion d'une « unité de compte ayant un pouvoir d'achat déterminé » (2). En second lieu, s'agissant de la *valeur* de la monnaie, B. Nogaro montre qu'elle ne se détermine point comme celle d'une marchandise quelconque, en raison de ce fait que le métal admis à la frappe libre n'est pas soumis à l'offre et à la demande et bénéficie d'un débouché illimité à un taux fixe. Enfin, pour ce qui est de l'*explication* par le facteur monétaire des *mouvements généraux des prix*, B. Nogaro soutient que la théorie quantitative n'est qu'une hypothèse, indémontrable statistiquement, insuffisamment fondée en logique, et que l'on a trop souvent invoquée pour « écarter des interprétations précises et rationnelles au profit d'interprétations superficielles et illusoires ».

c) C'est également à une critique de la théorie quantitative qu'A. Aftalion a été amené par l'étude des expé-

(1) Cf. surtout : *Contribution à une théorie réaliste de la monnaie* (*Revue d'économie politique*, 1906); *L'expérience bimétalliste du* XIXe *siècle et la théorie générale de la monnaie* (*Revue d'économie politique*, 1908); *Les dernières expériences monétaires et la théorie de la dépréciation* (*Revue économique internationale*, sept. 1908).

(2) *Op. cit.*, p. 229.

riences monétaires récentes (1). Examinant les courbes de la circulation et des prix de gros en France de 1920 à 1923, A. Aftalion constate une discordance très nette entre les mouvements de la circulation, qui a peu varié, et ceux des prix, qui ont monté bien davantage. Et, quoiqu'il reconnaisse que, sous sa forme la plus évoluée, la théorie quantitative ne se prête pas parfaitement à une confrontation statistique, il incline cependant à penser que « l'interprétation antiquantitative est plus conforme aux faits observés que l'interprétation quantitative ». Surtout, il adresse à la théorie quantitative le reproche de ne nous donner qu'une explication extérieure et mécanique des faits, au lieu de nous en faire connaître les causes profondes. Pour découvrir ces causes, A. Aftalion recourt à une analyse et à une théorie d'ordre psychologique. L'expérience montrant que l'ascension des prix a le plus souvent comme antécédent la hausse des changes, l'auteur recherche comment il se fait que ceci engendre cela. Et il découvre comme chaînon intermédiaire les variations des revenus, influencés de diverses manières par le cours des changes, et qui expliquent à leur tour l'ascension des prix. Puis il se demande si ces variations des revenus ne fourniraient pas l'explication des mouvements généraux des prix, dont on rend compte d'ordinaire par la théorie quantitative. Il lui semble qu'il en est effectivement ainsi, et que la théorie du revenu a, sur la théorie quantitative, cette supériorité qu'au lieu de s'arrêter au fait extérieur de la quantité de monnaie et de s'en tenir à un enchaînement mécanique, elle déplace l'explication des choses vers les hommes en même temps qu'elle évite les formules trop mathématiques qui ne tiennent pas compte de la complexité des faits et de la diversité des réactions psychologiques. Enfin, étendant encore son champ d'observation, et remarquant que l'his-

(1) *Monnaie, prix et change*, Librairie du *Sirey*, 1927; *Monnaie et industrie*, Librairie du *Sirey*, 1928.

toire monétaire de certains pays tels que l'Allemagne, où la dépréciation du papier monnaie a atteint des proportions formidables, ne peut s'expliquer entièrement par la théorie des revenus, A. Aftalion complète celle-ci par une analyse très fine de la nature de la monnaie : il montre que l'appréciation que les individus font de la monnaie ne dépend pas seulement de la quantité et de l'utilité des marchandises qu'elle permet d'acheter, qu'elle comporte aussi des éléments qualitatifs, qui tiennent à la monnaie elle-même, et qui varient suivant les circonstances et suivant les caractères des individus. La psychologie reparaît donc ici encore, et nous permet de comprendre comment, parfois, sans augmentation nouvelle ni de la circulation, ni même du revenu, peut se produire une dépréciation intérieure de la monnaie, qui n'a de fondement dans aucun fait économique objectif, et qui tient à ce que les individus, projetant dans l'avenir les leçons du passé et prévoyant de nouvelles hausses des prix, n'attachent plus à l'unité monétaire qu'une valeur inférieure à celle que, strictement, elle devrait avoir gardée.

Assurément, ces vues hardies n'ont pas conquis tous les suffrages. Non seulement le fougueux polémiste qu'était Yves Guyot, ardent apôtre de la déflation, ne s'est pas laissé convaincre par l'argumentation de Ch. Rist et a jugé sévèrement les conceptions schismatiques de B. Nogaro (1), mais ceux-là mêmes qui entendent soumettre au doute méthodique et à la vérification expérimentale les conceptions économiques traditionnelles ont montré quelque hésitation à rejeter comme périmées les théories monétaires classiques. Par exemple, Sauvaire-Jourdan, au cours d'une analyse de l'ouvrage de Ch. Rist (2), demandait « qu'on réfléchisse avec soin

(1) Cf. Yves Guyot, *Les problèmes de la déflation*, Alcan, 1923.
(2) *Revue d'économie politique*, 1924, p. 880.

avant de jeter par-dessus bord les enseignements de nos prédécesseurs », et terminait par cette formule significative : « Dans la mesure du possible, il importe de sauvegarder la continuité de la science. »

Néanmoins, les idées nouvelles font leur chemin, et il semble que l'effort critique et constructif des économistes français récents en matière monétaire ne demeurera pas sans résultat. Les théories classiques, lorsqu'elles voulaient rendre compte de tous les phénomènes monétaires par les lois générales de la valeur et le jeu de rapports quantitatifs simples, méconnaissaient la vraie nature de la monnaie. En marquant les différences entre monnaie et marchandise, en soulignant le caractère nécessairement psychologique des faits monétaires, en montrant que l'élément déterminant des prix, du côté du pouvoir d'achat du consommateur, c'est moins la quantité matérielle du numéraire que le montant des revenus et le jeu complexe des croyances individuelles et sociales qui gravitent autour de la monnaie, les économistes français récents auront efficacement contribué à l'élaboration d'une théorie monétaire scientifique et réaliste.

IV. — Les cycles économiques.

L'étude des cycles économiques est aujourd'hui à l'ordre du jour en tous pays. Deux économistes français contemporains, J. Lescure (1) et A. Aftalion (2), ont apporté à ce problème des contributions de premier intérêt. Si l'on s'en rapportait aux titres de leurs ouvrages, on pourrait penser qu'ils sont consacrés à l'examen de la seule phase aiguë des cycles, plus communément connue

(1) J. Lescure, *Des Crises générales et périodiques de surproduction*, 3e éd., Librairie du *Sirey*, 1923.

(2) A. Aftalion, *Les Crises périodiques de surproduction*, 2 vol., Rivière, 1914. Cf., du même auteur, *Le Rythme de la vie économique*, dans *Problèmes de l'économique*, Colin, 1921.

sous le nom de crise. En réalité, quoiqu'ils aient conservé l'ancienne terminologie, sans doute pour ne pas dérouter les lecteurs, c'est bien cependant sous sa forme nouvelle et moderne que nos auteurs posent le problème, et c'est l'ensemble du cycle, avec ses phases successives de prospérité, crise, dépression, qui fait l'objet de leur examen. J. Lescure et A. Aftalion ont, l'un et l'autre, recours à la méthode positive, et aboutissent à un essai d'explication générale. Mais, tant dans la façon dont ils conduisent l'exposé des faits que dans la substance de leurs conclusions, des divergences notables doivent être signalées.

a) J. Lescure nous apporte des crises un tableau essentiellement historique et descriptif. Faute de matériaux suffisants, il ne donne que des renseignements assez succincts sur les trois premières crises du XIXe siècle (1810-1815-1818). Il expose, en revanche, avec beaucoup de détails les antécédents, le déclenchement, les suites des crises survenues entre 1825 et 1907, et cet exposé est complété, dans la troisième édition de son livre, par un tableau de la grande crise de 1920, dont il reconnaît d'ailleurs qu'à divers points de vue elle a été autre chose qu'une simple crise ordinaire de surproduction.

On ne trouve pas dans le livre d'A. Aftalion une partie descriptive de ce genre. L'auteur a pensé qu'à retracer les unes après les autres les crises successives avec leurs particularités et leurs singularités, on risquait de ne pas dégager avec une suffisante netteté ce qu'il y a en elles de constant, et il a préféré se livrer à une étude statistique, qui néglige les faits spéciaux à chaque cycle pour mettre en lumière l'enchaînement des phénomènes essentiels avec la précision et la rigueur qu'apportent les données numériques. La crise, vue sous cet angle, prend quelque chose d'un peu schématique, mais cette méthode rendra plus aisée la confrontation des divers éléments de la vie économique avec lesquels la crise est présumée être en relation, et les corrélations qui les unissent à elle pourront être plus aisément décelées et mesurées. De cette diversité de conception, il résulte que les deux ouvrages de J. Lescure et d'A. Aftalion, dans leur partie documentaire, se complètent fort bien : à eux deux, ils permettent de prendre une vue très précise des grands cycles économiques du XIXe et du début du XXe siècle.

b) J. Lescure et A. Aftalion ne se bornent naturellement pas à décrire les cycles économiques. Ils s'efforcent d'en mettre au jour les causes profondes. Pour J. Lescure, c'est du côté des variations dans le taux du profit qu'il faut aller chercher l'explication. A la fin d'une période d'essor, le coût s'élève, tout au moins dans certaines industries essentielles, plus rapidement que le prix; il en résulte un rétrécissement graduel du profit pour le chef de l'entreprise. Et, comme, dans nos sociétés modernes, l'appât du profit est l'élément moteur de tout le mécanisme économique, son fléchissement entraîne une véritable paralysie de l'esprit d'entreprise, l'arrêt des commandes, la contraction de la production, la baisse des prix.

A. Aftalion n'admet pas que l'on puisse rendre compte du rythme prospérité-dépression par la seule considération des fluctuations de l'esprit d'entreprise sous l'influence des mouvements discordants du coût et du prix. S'il en était ainsi, comme le coût commence à s'élever dès le début de la période de prospérité, l'esprit d'entreprise serait dès ce moment découragé, et la crise devrait éclater très peu de temps après, alors qu'en fait elle ne se produit qu'après plusieurs années. De même, comme le coût fléchit sitôt après la crise, l'esprit d'entreprise ne devrait pas tarder à se ranimer. Une explication satisfaisante des crises devra donc, d'après A. Aftalion, s'attacher surtout à expliquer la longue durée de chacune des phases, prospérité-dépression, du mouvement cyclique. En outre, puisque les crises sont, en somme, un phénomène relativement récent, il est à présumer que la cause en doit être cherchée dans des faits qui sont apparus, ou du moins se sont développés, depuis le début du XIXe siècle. Parti avec ces directives, A. Aftalion a été conduit à une théorie trop connue aujourd'hui du monde savant pour qu'il soit nécessaire de l'exposer en détail ici [1]. Il suffira de rappeler que, pour lui, le fait générateur de la crise, c'est la longue durée du processus de production capitaliste. Jadis, au temps de la production directe et de la technique simple, quand la main-d'œuvre humaine s'aidait uniquement de quelques outils, si une pénurie de marchandises se faisait sentir, on y pouvait parer rapidement en procédant à la fabrication de produits nouveaux, qui venaient combler le besoin peu de temps après qu'il était ressenti. Il n'en est plus de même depuis que s'est généralisée une nouvelle technique industrielle, caractérisée par le règne du machinisme et impliquant l'emploi d'instruments et d'installations dont la construction demande un long temps. Entre le moment où l'on entreprend la fabrication d'un outillage et celui où cet outillage terminé travaille à l'approvisionnement du marché, des mois et des années s'écoulent. Durant ce temps, le mouvement de hausse déclenché par l'insuffisance de l'offre peut se poursuivre et s'amplifier : c'est la période de prospérité. Puis, quand l'outillage nouveau est enfin terminé et déverse sur le marché un afflux de produits supplémentaires, vient un moment où la demande est plus que couverte, où le marché est saturé : c'est la surproduction, c'est la crise. Et comme les fabrications commencées durant la prospérité continuent,

(1) Sur le degré d'originalité de la théorie d'AFTALION, cf. sa polémique avec BOUNIATIAN, *Revue d'économie politique*, 1924.

malgré l'effondrement des prix, à peser sur le marché, en raison de l'impossibilité d'arrêter sur le coup les productions en cours, la baisse s'amplifie à son tour en une longue période de dépression. Ainsi s'explique que « les oscillations irrégulières anciennes se transforment en un rythme allongé dont les phases successives se déterminent et se suscitent mutuellement en une chaîne sans fin ».

La thèse d'A. Aftalion a été, en France, très commentée. J. Lescure en a présenté une critique serrée (1) et a soutenu que l'allongement technique du processus de production ne peut fournir une explication suffisante de la généralité des crises périodiques, car la durée technique de la production de l'outillage étant essentiellement variable suivant les industries, une surproduction qui en serait l'effet devrait avoir elle-même une périodicité variable selon les branches de production. L'explication proposée ne permet donc pas de comprendre pourquoi, à la même date, dans la même année, toutes les industries sont simultanément atteintes.

C. Colson, qui a consacré à l'ouvrage d'Aftalion une longue et intéressante analyse critique (2), admet que l'importance et la complexité de la technique capitalistique moderne peuvent expliquer l'ampleur et la généralité des crises périodiques de surproduction, mais il nie énergiquement la possibilité pour une marchandise d'avoir une « valeur absolue », abstraction faite de toute comparaison avec les autres marchandises. Or, A. Aftalion s'était appuyé sur cette notion de valeur absolue pour prétendre qu'il peut y avoir des hausses ou des baisses générales de la valeur des marchandises, en dehors de celles qui traduisent une variation en sens inverse de la valeur de la monnaie.

(1) *Op. cit.*, p. 373 et s.

(2) *Comptes rendus de l'Académie des sciences morales et politiques*, 1914, I, p. 217 et s.

Max Lazard[1] admet comme vraies, d'une manière générale, les thèses d'Aftalion : « En l'état actuel de nos connaissances expérimentales, dit-il, il est impossible de s'approcher davantage de la réalité. »[2]. Il maintient cependant contre Aftalion qu'une partie, au moins, de la responsabilité des crises incombe au système du capitalisme privé et de la libre concurrence, ce qui l'amène à espérer que le socialisme parviendrait à supprimer, ou en tout cas à atténuer, les crises.

Quant à Ch. Gide[3], il reproche à Aftalion d'avoir écarté trop rapidement l'idée d'une alternance des phases d'excitation et de découragement de l'esprit d'entreprise. « Pourquoi donc, demande-t-il, la confiance, l'espérance, la ferveur, seraient-elles les seuls facteurs, dans le monde économique, qui soient exclus de la cadence universelle ? »

En somme, l'opinion dominante des économistes français paraît être que, s'il convient de faire une place, parmi les causes des crises, aux conditions techniques de la production moderne, à sa longueur et à sa complexité, on ne saurait, par elles seules, rendre complètement compte du phénomène, et qu'il faut faire entrer en ligne, également, les caractères juridiques du régime actuel et la succession de courants contrastés de psychologie sociale, qui tantôt emportent le monde économique vers l'optimisme et la confiance, et tantôt font régner la méfiance et le pessimisme. Technique, droit, psychologie, seraient ainsi associés à l'origine et dans le déroulement des fluctuations cycliques des prix[4].

(1) *Bulletin trimestriel de l'Association internationale pour la lutte contre le chômage*, avril-juin, 1914, p. 649 et s.

(2) *Loc. cit.*, p. 659.

(3) Compte rendu de l'ouvrage d'AFTALION, dans *Revue d'économie politique*, 1914, p. 242 et s.

(4) Il s'est trouvé quelques critiques pour mettre en doute, sinon l'existence des cycles périodiques, du moins la régularité de leur rythme et la généralité de leur étendue. Par exemple, B. NOGARO (*Traité élé-*

V. — Le salaire.

Les problèmes économiques que soulève la répartition des richesses n'ont donné lieu en France, à l'époque contemporaine, qu'à peu d'études originales importantes[1]. Dans son livre, *L'Intérêt du capital*[2], A. Landry expose une théorie très élaborée de l'intérêt. H.-G. Bousquet, qui a eu entre les mains l'exemplaire de cet ouvrage possédé par Bohm-Bawerk, rapporte qu'il est

mentaire d'économie politique, p. 344-345), déclare que la périodicité décennale des crises est assez incertaine, que les crises dites générales ne sont au vrai que des perturbations partielles généralisées et que les économistes qui attribuent un sens absolu à l'expression « crise générale et périodique » se donnent beaucoup de mal pour expliquer un phénomène dont la réalité ne lui paraît pas bien établie. Ch. Gide (Compte rendu précité) ne semble pas éloigné de cette opinion, puisqu'il écrit qu'il y a moins un rythme régulier de cycles économiques périodiques « qu'un va-et-vient irrégulier en toutes choses qui, bien loin d'évoquer l'idée de loi et de déterminisme, évoquerait plutôt celle de hasard ».

En ces toutes dernières années, l'attention des économistes français s'est un peu détournée de l'étude des causes profondes des crises pour s'attacher de préférence à la recherche des symptômes qui permettraient d'en prévoir l'approche et peut-être d'en adoucir les effets. Suivant l'exemple donné en 1919 par l'Université Harvard et en 1922 par les Universités de Londres et de Cambridge, l'Institut de statistique de l'Université de Paris a commencé en 1923 et poursuivi périodiquement depuis lors la publication d'un *Recueil de courbes statistiques mensuelles*. Ce recueil fournit aux économistes et statisticiens une documentation extrêmement précieuse, qui ne vise pas « à imposer un jugement déterminé », mais se propose seulement « d'aider ce jugement sans le contraindre en présentant les mouvements sous une forme commode qui les rende exactement comparables ». Cf. P. Ginestet, *Les Indices du mouvement général des affaires*, Librairie du *Sirey*, 1925; Ed. Lacombe, *La Prévision en matière de crise économique*, Rivière, 1925; A. Aftalion, *Monnaie et Industrie*, Librairie du *Sirey*, 1928.

(1) Cf. cependant un intéressant article d'Elie Halévy, *Principes de la distribution des richesses* (*Revue de métaphysique et de morale*, 1906, p. 545 et s.). Sur la théorie du profit, cf. M. Porte, *Entrepreneurs et profits industriels*, thèse Grenoble, 1901; François Perroux, *Le problème du profit*, thèse Lyon, 1926.

(2) Giard, 1904. Cf. A. Dugarçon, *Le Problème économique de l'intérêt*, thèse Bordeaux, 1905.

couvert de très nombreuses notes marginales, qui montrent que l'œuvre de Landry avait paru à Bohm-Bawerk digne d'un examen minutieux (1). Dans un autre de ses livres, *L'Utilité sociale de la propriété individuelle* (2), A. Landry a consacré de longs et subtils développements au conflit de la productivité et de la rentabilité, ce qui l'a amené à présenter quelques vues générales sur la distribution des richesses. Mais ces écrits d'A. Landry n'ont pas déclenché un mouvement de commentaires et de controverses analogue à celui qui a eu pour origine la parution des travaux de F. Simiand sur le salaire. C'est pourquoi, dans ce tableau sommaire où nous nous attachons moins à suivre des nuances de pensées individuelles qu'à dégager les grands courants actuels de la science économique française, il nous faut insister surtout sur l'apport de F. Simiand, et, après en avoir sommairement rappelé les lignes directrices, essayer d'en mesurer exactement la portée.

a) Ayant scruté d'une manière très attentive les statistiques de l'industrie minérale publiées en France par le ministère des Travaux publics, F. Simiand est arrivé à penser que, de tous les éléments qui influent sur le taux de salaire des ouvriers dans les mines de charbon en France, le plus déterminant est le prix de vente du charbon. Mais il lui est apparu que le lien entre le prix du charbon et le taux du salaire n'est pas simple, et que l'action du premier sur le second s'effectue dans des conditions et par un mécanisme qui, mystérieux à première vue, sont aisément compréhensibles à la réflexion.

Lorsque le prix de vente du charbon s'élève, il s'ensuit : 1° une hausse du salaire journalier; 2° une hausse plus grande encore du coût de la main-d'œuvre par tonne extraite; 3° une baisse des quantités produites par

(1) BOHM-BAWERK a d'ailleurs longuement discuté la thèse d'A. LANDRY dans les dernières éditions de son grand ouvrage.

(2) Cornély, 1901.

journée d'ouvrier. A l'inverse, quand le prix de vente du charbon fléchit, il s'ensuit : 1° une baisse du coût de la main-d'œuvre par tonne extraite; 2° une stabilisation du salaire journalier; 3° une hausse de la quantité produite par journée d'ouvrier. Ces enchaînements de faits s'expliquent, d'après F. Simiand, de la manière suivante. Aux époques où un prix de vente élevé permet à l'industrie houillère de réaliser de gros bénéfices, les ouvriers demandent et obtiennent aisément un relèvement de leur salaire journalier. Mais, en même temps, et en conséquence de la prospérité dont jouit l'industrie houillère à cette époque, l'effort technique ouvrier et patronal se relâche, et ce relâchement entraîne la diminution du rendement par journée d'ouvrier. Au contraire, les époques de baisse de prix de vente du charbon, en même temps qu'elles condamnent à l'insuccès les tentatives ouvrières de relèvement de salaire, contrecarrées par une conjoncture économique défavorable, contraignent ouvriers et patrons à fournir un plus gros effort, les premiers, afin de conserver, malgré le malheur des temps, un salaire journalier intact, les seconds, afin de concilier les deux exigences en apparence contradictoires qui s'imposent à eux : nécessité de subir une réduction sensible des recettes, du fait de la baisse du prix de vente du charbon, et impossibilité de réduire parallèlement le prix de revient par une baisse correspondante du salaire journalier.

Ayant ainsi rendu compte des faits que l'examen et le rapprochement des statistiques lui avaient appris, F. Simiand s'élève à des propositions psychologiques générales. Si le jeu des actions et des réactions du patronat et du monde ouvrier en présence des fluctuations des prix de vente est bien tel que nous venons de le décrire, cela tient, selon F. Simiand, à ce qu'il existe, chez les parties en présence, une certaine hiérarchie de mobiles psychologiques, qui se classent ainsi par ordre d'importance décroissante : 1° tendance à conserver le même gain; 2° tendance à ne pas augmenter l'effort; 3° tendance à augmenter son gain; 4° tendance à diminuer l'effort. Quand deux de ces tendances se trouvent en conflit chez un individu, celle qui occupe dans la hiérarchie le rang le plus élevé l'emporte. Il en est de même si le conflit met aux prises deux individus différents. Quand les deux parties en présence sont inspirées par des mobiles de même rang, la solution qui intervient est nécessairement transactionnelle.

b) Présentée d'abord sous une forme sommaire en 1904 (1), reprise et approfondie en 1907 (2), la thèse de F. Simiand a été, en France comme aussi d'ailleurs à l'étranger, très remarquée et très diversement appréciée. Un commentateur, qui appartient comme F. Simiand à l'école sociologique, M. Halbwachs, a vu en elle l'ébauche de toute une économie nouvelle. « Par son contenu, par les perspectives qu'il ouvre, écrit M. Halbwachs parlant de l'ouvrage de F. Simiand, ce livre ne peut manquer d'exercer sur les recherches et la théorie économiques une influence organisatrice très étendue. Autour de lui, c'est toute une large partie de cette science qui, de proche en proche, doit se cristalliser. » Et, développant sa pensée, M. Halbwachs affirme que la théorie du salaire de F. Simiand, par le caractère expérimental de son point de départ, par le contenu psychologique et social de ses conclusions, porte un rude coup à l'économie politique traditionnelle, « qui pense tout expliquer par le jeu des individus et par les mobiles très simples, très abstraits et très inexacts qu'elle leur attribue ».

(1) *Le Salaire des ouvriers des mines en France*, Société nouvelle de librairie et d'édition, 150 pages.

(2) *Le Salaire des ouvriers des mines de charbon en France*, Société nouvelle, 520 pages. Cf., sous le même titre, la communication de F. Simiand à la Société statistique de Paris dans le *journal* de cette société, 1908, p. 13 et s.

D'autres commentateurs se sont montrés moins enthousiastes [1]. Tout en reconnaissant l'exactitude des constatations et de l'interprétation apportées par F. Simiand, ils ont fait remarquer que celle-ci et celles-là ne valent d'une manière certaine que dans les limites assez étroites du champ d'observation où F. Simiand s'est placé. D'une part, toute son analyse repose sur ce fait que l'élément moteur du mécanisme des prix et des salaires, ce sont les variations du prix de vente du produit; mais, comme l'a remarqué B. Nogaro [2], cela tient peut-être à ce que le charbon est une matière première qui ne paye pas de droits de douane, dont le prix, par conséquent, est fixé internationalement. Et il est tout naturel que ce prix s'impose au patronat, et indirectement à la main-d'œuvre, qui ne sont organisés que nationalement et ne forment pas un front assez large pour pouvoir influer d'une manière efficace sur le prix. L'analyse et les conclusions de F. Simiand ne seraient peut-être plus valables, s'agissant d'un autre produit et de la main-d'œuvre qui s'y rapporte. Là où, grâce à une barrière douanière appropriée, l'entrepreneur serait maître du marché national, un accroissement du coût de production et des salaires pourrait être récupéré sur les consommateurs par le moyen du relèvement du prix de vente et il n'y aurait rien d'impossible à ce que le mécanisme fût inversé et le salaire doué d'une force d'action autonome.

D'autre part, L. March [3], s'appuyant sur des observations d'ethnographes, a fait remarquer que la hiérarchie des mobiles psychologiques dressée par F. Simiand, exacte peut-être pour les sociétés civilisées de l'Europe occidentale, ne l'est certainement pas pour tous les peuples de tous les pays. Les peuplades non civilisées

(1) Cf. René Courtin, *De quelques systèmes d'économiques non psychologiques* (*Revue d'histoire économique et sociale*, p. 73 et s.).

(2) *Traité élémentaire d'économie politique*, p. 433-434.

(3) *Journal de la Société de statistique de Paris*, 1908, p. 159, en note.

semblent, au contraire, se caractériser par ce trait que la tendance à diminuer l'effort est chez elles plus impérieuse que la tendance à augmenter le gain. Bien plus, même dans une de nos sociétés civilisées, si nous considérons l'élite, il semble que la tendance à augmenter le gain passe devant la tendance à ne pas augmenter l'effort. Et ainsi, à la limitation dérivée de la nature des marchandises s'ajoute une limitation dérivée de la psychologie des individus, et l'on voit qu'en raison de la diversité, tant des conditions des marchés économiques que des tempéraments des hommes et des peuples, une formule générale ne saurait, sans imprudence, être tirée d'une observation particulière, si approfondie qu'elle ait été.

En quelle mesure les conclusions de F. Simiand, — dans le domaine pour lequel elles valent, — viennent-elles infirmer ou confirmer la théorie qui rend compte des mouvements des salaires par la productivité du travail de l'ouvrier ? C'est ici que les interprétations ont atteint le maximum de divergences. Tandis que F. Simiand croit pouvoir tirer de sa démonstration une critique de la théorie de la productivité, C. Colson (1) estime qu'il y a bien plutôt concordance entre l'une et l'autre. La vérité est qu'il faut bien s'entendre sur les divers sens du terme productivité, et que, pour éviter toute confusion dans la confrontation, il est nécessaire de distinguer, comme l'a fait A. Aftalion (2), productivité globale et productivité spéciale, productivité physique et productivité économique. S'agit-il de la productivité spéciale du travail de l'ouvrier, c'est-à-dire de la part du produit qui est imputable à son action propre ? Les données statistiques qui servent de base à l'étude de F. Si-

(1) Cf. la controverse entre C. Colson et M. Halbwachs dans la *Revue du mois*, nov. et déc. 1908, mars 1909.

(2) *Les trois notions de la productivité et les revenus* (*Revue d'économie politique*, 1911).

miand ne nous renseignent point sur cette productivité spéciale; il ne peut donc y avoir à son égard ni confirmation ni infirmation. S'agit-il de la productivité globale ? Ici, nous sommes mieux informés, les statistiques nous faisant connaître les quantités produites et les prix. Et puisque le salaire tend à monter ou à s'arrêter suivant que monte ou descend le prix de vente du charbon, il y a bien un certain parallélisme entre les deux éléments. Mais ce parallélisme n'a rien de rigide ni d'automatique. Et, surtout, ce qu'il y avait de séduisant pour la raison et l'esprit de justice dans la théorie de la productivité disparaît désormais puisque c'est aux époques où le salaire s'élève que l'effort physique de l'ouvrier s'atténue et se relâche, en sorte que le gain, loin d'être proportionnel à la peine, est plutôt en antithèse avec elle, et que l'ouvrier est tour à tour bénéficiaire ou victime de conditions économiques générales où il n'a point de responsabilité.

Quoi qu'il en soit, il me semble que l'étude de F. Simiand et les discussions qui l'ont suivie ont eu ce précieux résultat de mettre clairement en lumière la nature complexe, à la fois technico-économique et psychologico-humaine, du salaire. Grâce à elles, nous comprenons mieux aujourd'hui que le prix du travail humain obéit à des lois économiques, qui sont la transposition, dans ce domaine, des lois générales de la valeur et des prix, lois si impérieuses que même l'action collective ouvrière la mieux organisée, si elle voulait les violer, se briserait contre elles. Et, en même temps, nous apercevons que, cependant, le salaire revêt une physionomie propre du fait qu'il n'est pas le prix d'une marchandise inerte, mais la rémunération d'un service inséparable de la personne qui le rend, rémunération dont, par suite, le montant et les fluctuations sont commandés par l'état et les variations des besoins et du niveau de vie des ouvriers, avec tout le contenu, psychologique et sociologique [1], que ces notions comportent. Et il apparaît que la vérité en matière de salaire n'est ni dans un mécanisme qui négligerait la puissance des forces humaines et sociales, ni dans un empirisme qui nierait la force contraignante des nécessités techniques et économiques.

VI. — L'ordonnancement et la nature de l'économie politique.

Par delà leurs opinions particulières sur diverses questions, les économistes français d'aujourd'hui, — et surtout ceux qui ont mission d'exposer à un public scolaire l'ensemble de la science, — ont été forcément amenés à adopter une conception générale de l'économie politique. Selon quel plan ordonnent-ils leurs développements ? Quelle opinion se font-ils de la nature même de la science économique ?

a) La plupart des auteurs demeurent encore, à l'heure actuelle, fidèles à la division de l'économie politique amorcée naguère par J.-B. Say et complétée par James Mill. Pour ne citer que quelques-uns des auteurs de manuels les plus connus, Ch. Gide, C. Perreau, B. Nogaro divisent l'économie politique en quatre parties : production, circulation, répartition, consommation. A première vue, cette ordonnance paraît simple, naturelle, logique. Ne suit-elle pas, dans un ordre en quelque sorte chronologique, de leur naissance à leur mort, les biens économiques qui sont d'abord produits, qui ensuite circulent de mains en mains, se répartissent entre les acheteurs et sont finalement consommés ?

Pourtant, la division classique ne résiste pas à un examen attentif. Comme l'a montré avec beaucoup de force L. Polier [2], il est tout d'abord impossible de considérer

(1) Cf. Halbwachs, *La Classe ouvrière et les niveaux de vie*, Alcan, 1913.

(2) *Cours d'économie politique*, Toulouse, 1911, I, p. 136 et s.

la production et la circulation comme deux parties distinctes de la science économique. S'il est vrai, ainsi que tout le monde l'admet maintenant, que le terme de production ne doit pas être pris par l'économiste au sens de création et de transformation matérielles et qu'est économiquement producteur tout créateur de valeurs, le transporteur ou le commerçant méritent ce qualificatif au même titre que l'industriel ou l'agriculteur. D'autre part, la science économique moderne a montré que les théories de l'intérêt, de la rente, du salaire, du profit, ne constituent pas, à elles toutes, une partie distincte de l'économie politique, mais qu'elles sont simplement autant d'applications de la théorie générale de la valeur et des prix, en sorte qu'il est artificiel et arbitraire d'exposer celle-ci à propos de la circulation, et celles-là, beaucoup plus tard, sous le nom de répartition. Enfin, la quatrième partie du plan classique, consacrée à la consommation, n'échappe pas non plus à la critique. Si nous recherchons ce que font entrer sous la rubrique consommation les auteurs qui l'ouvrent, nous y trouvons les trois théories du luxe, de l'épargne, des coopératives de consommation. Or, il est incontestable que les coopératives de consommation sont beaucoup mieux à leur place quand on les examine aux côtés des entreprises commerciales ordinaires et par comparaison avec elles, que l'épargne[1] est le contraire d'une consommation, que la question du luxe est d'ordre moral bien plutôt qu'économique. Ch. Gide maintient cependant que la consommation a droit de cité dans l'économie politique. Bien plus, il voudrait qu'elle devînt le centre de la science et que tout le reste lui fût subordonné. Mais il y a là, semble-t-il, une équivoque à dissiper. Il est incontestable

(1) Sur la notion d'épargne, cf. les articles de Ch. Rist, *L'Epargne. Son mécanisme social et psychologique*, dans *Problèmes actuels de l'économique*, p. 337 et s.; *Quelques définitions de l'épargne* (*Revue d'économie politique*, 1921, p. 29 et s.).

que la consommation est bien la fin et le but ultime de toute l'activité économique. Et l'on peut aussi concéder à Ch. Gide qu'un régime social comme celui dont il rêve l'avènement, et où, grâce à la coopération généralisée, la production et le commerce seraient commandés et dirigés par les consommateurs associés, serait plus rationnel que le régime actuel, où ce sont les détenteurs de capitaux qui décident de l'orientation de l'activité économique. Mais la question qui se pose est de savoir si, dans l'étude descriptive et explicative de la vie économique, un compartiment spécial doit être réservé à la consommation. L'embarras même de ceux qui, ayant créé cette rubrique, ne trouvent pour la remplir que des questions éparses, sans lien véritable entre elles, et parfois sans caractère économique, montre assez que la négative s'impose. Ce qui ne veut pas dire que l'on n'aura pas à s'occuper des consommateurs, de leurs goûts, de leur psychologie, mais cette étude viendra beaucoup plus logiquement à l'occasion de la théorie des prix, et en tant que ces divers éléments exercent leur action sur les conditions et la courbe de la demande.

La réaction contre les artifices du plan traditionnel, et aussi la difficulté d'en trouver un qui soit pleinement satisfaisant, ont amené certains auteurs à renoncer à toute classification systématique. C'est le parti qu'a pris, par exemple, Ch. Brouilhet (1), et c'est à peu près aussi celui auquel s'est rangé C. Colson, qui étudie, en six livres successifs : 1° la théorie générale des phénomènes économiques; 2° le travail et les questions ouvrières; 3° la propriété des capitaux, des agents naturels et des biens corporels; 4° les entreprises de commerce et la circulation; 5° les finances publiques et le budget de la France; 6° les travaux publics et les transports (2). Mais

(1) *Précis d'économie politique*, Roger, 1912.

(2) Cf. également la classification de P. Leroy-Beaulieu en huit parties et celle d'H. Truchy en sept (I. *Notions générales;* — II. *L'organisa-*

l'inconvénient de cette attitude est qu'elle ne permet plus de donner à l'économie politique une charpente vigoureuse, qu'elle lui enlève même le caractère d'une discipline homogène et systématique, pour n'en plus faire qu'une collection disparate de problèmes particuliers.

N'est-il donc pas possible de substituer à l'ancienne classification périmée un ordonnancement systématique meilleur ? Dans son curieux livre, *Principes de science économique*, Ch. Bodin l'a tenté (1). Le plan qu'il nous propose est dominé par une distinction, fondamentale à ses yeux, entre l'économie simple et l'économie complexe. Sous le terme d'économie simple, Ch. Bodin étudie la vie économique normale, en entendant par là celle qui existerait dans une société où : 1° les hommes n'agiraient qu'en vue de la conservation et du développement de leur être et s'abstiendraient des satisfactions nocives et où : 2° ils s'appliqueraient à ne tirer leurs moyens de satisfaction que de l'aménagement du milieu extérieur, et s'abstiendraient de toute exploitation de leurs semblables. Ensuite viendra l'économie complexe, qui se rapprochera de la réalité en tenant compte du rôle très important que jouent en fait les satisfactions nocives et l'exploitation de l'homme par l'homme, que Bodin nomme le prélèvement (2). Le récent ouvrage de Ch. Bodin est consacré uniquement à la première de ces deux parties, à l'économie simple. Pour en démontrer le mécanisme, Ch. Bodin indique d'abord quels sont les « éléments économiques » (les besoins et les biens). Puis, pas-

tion de la production; — III. *La monnaie, le crédit et la formation des prix;* — IV. *Les relations économiques internationales;* — V. *La répartition des biens;* — VI. *Les finances publiques;* — VII. *Les questions sociales*).

(1) Cf. également Ch. Bodin, *Essai d'une conception et d'un ordonnancement scientifiques de l'économie* (*Revue d'économie politique*, 1920).

(2) Il y aurait lieu de rapprocher de cette notion du prélèvement de la théorie de Von Wieser sur les *Machtphenomenen*. Il ne semble pas que Ch. Bodin se soit inspiré de Von Wieser.

sant du statique au dynamique, il étudie l'activité économique et envisage successivement : 1° les jugements économiques; 2° les actes économiques (production, échange, satisfaction); 3° les résultats de l'activité économique (théories de l'équilibre et du progrès).

On ne peut contester que cette présentation nouvelle de la science économique marque un bel effort de pensée novatrice, mais sans doute soulèvera-t-elle plus de curiosité qu'elle ne recueillera d'adhésions, car elle est tout à fait en opposition avec l'orientation générale de la pensée économique française contemporaine. L'œuvre de Bodin est une tentative de reconstruction de la science par une méthode qui, délibérément, écarte, au point de départ de la recherche, l'étude directe du monde économique réel. Quelque souci qu'il ait pris, comme nous l'avons indiqué plus haut, de n'élaborer que des abstractions simples, de se garer de l'*homo economicus,* de ne point mutiler la psychologie de l'homme réel, Ch. Bodin n'en suit pas moins la marche de raisonnement chère aux partisans de l'économie déductive et abstraite. Et il encourt, me semble-t-il, les mêmes reproches qu'eux. Ses définitions et ses théories échappent nécessairement à toute vérification expérimentale puisque Ch. Bodin reconnaît qu'il y a un monde entre l'économie simple et la vie réelle. Dès lors, la construction de Ch. Bodin risque de ne demeurer qu'une brillante hypothèse, qui viendra s'ajouter à toutes celles, nombreuses déjà, échafaudées par cette méthode; il lui manquera cet élément de certitude qui naît de la confrontation expérimentale, et faute duquel l'hypothèse subjective ne peut se transformer en vérité objective. Finalement, on peut se demander si ces définitions minutieuses et ces analyses savantes seront d'un grand secours pour la compréhension du monde économique réel, que, tout de même, la science économique doit se proposer d'éclairer. Nous ne pourrons nous faire sur ce point une opinion définitive que lorsque

Ch. Bodin, achevant l'œuvre commencée, nous donnera la partie de son système relative à l'économie complexe.

Pour notre part, nous avons adopté dans notre enseignement un ordonnancement de l'économie politique qui s'inspire d'un processus inverse, et qui nous semble avoir l'avantage de présenter une classification rationnelle des phénomènes économiques, et, en même temps, — ce qui, au point de vue pédagogique, n'est pas négligeable, — d'aller sinon du simple au complexe, du moins du facile au difficile et du concret à l'abstrait. Dans une première partie, nous étudions les *cadres* de la vie économique, c'est-à-dire les institutions économiques vues, en quelque sorte, de l'extérieur, en ce qu'elles ont de variable suivant les époques et de divers suivant les branches de production. Conditions techniques et juridiques de la vie économique, étude descriptive de l'agriculture, de l'industrie, du commerce, des transports, etc., dans leur évolution historique et leur physionomie moderne, telles sont les questions principales qui se rangent dans ce compartiment. Une seconde partie expose le *mécanisme* de la vie économique : pénétrant à l'intérieur de l'armature économique, nous analysons les phénomènes de valeur, de prix, de monnaie, les lois de l'intérêt, du salaire, de la rente, du profit, le déroulement des cycles (1). Une troisième partie est consacrée à l'étude des relations économiques internationales, c'est-à-dire de la complication qu'introduit, dans une vie économique qui tend naturellement à se développer à l'échelle mondiale, la survivance des unités nationales et des frontières politiques. Enfin, une quatrième partie est consacrée aux grandes doctrines sociales, aux systèmes qui portent un jugement de valeur sur l'organisation économique actuelle,

(1) Sur cette distinction des cadres et du mécanisme de la vie économique, cf. d'intéressantes remarques critiques dans Ernest TEILHAC, *L'œuvre économique de J.-B. Say*, thèse Bordeaux, 1927 (Alcan, édit.), p. 326-329.

et qui, le cas échéant, accompagnent ce jugement de projets d'amélioration et de reconstruction [1].

b) Un tel ordonnancement a comme résultat de séparer complètement l'exposé de ce qui est et la recherche de ce qui pourrait ou devrait être. Est-ce un mérite ou un défaut ? Nous touchons ici à un dernier point de controverse dont il est nécessaire de dire quelques mots.

Dans ses *Principes de science économique*, Ch. Bodin déclare qu'il y a de grands dangers à séparer ce qui est de ce qui doit être [2], et parle à tout instant d'un bien ou d'un mal économique. Sans doute se défend-il d'aboutir par là à une subordination de l'économie à la morale, car le critérium de distinction entre ce bien et ce mal est, d'après lui, purement utilitaire : il s'agit, au vrai, plutôt d'une opposition entre l'utile et le nocif qu'entre le juste et l'injuste. Mais même en ce sens limité, on peut craindre que la réintroduction des jugements de valeur au cœur même de la science économique ne présente plus d'inconvénients que d'avantages. Ch. Bodin reconnaît lui-même [3] qu'on fabrique l'alcool, la cocaïne ou l'éther « suivant les principes mêmes qui président à la production ou à l'échange du blé ou de la pomme de terre ». N'en peut-on pas conclure que la science économique, dont l'objectif est précisément de découvrir ces principes, n'a pas, en tant que science, à se préoccuper de savoir si les satisfactions recherchées par les individus sont ou non conformes à l'hygiène ou à la morale. Un autre auteur, J. Vialatoux [4], est allé plus loin encore que Ch. Bodin, et n'a pas hésité à soutenir que la science

(1) Cf., pour d'autres essais de classification systématique : A. Landry, *Manuel d'économique;* A. Girault, *Les grandes divisions de la science économique* (*Revue d'économie politique*, août-sept. 1900).

(2) *Op. cit.*, p. 74.

(3) *Op. cit.*, p. 71.

(4) *La Notion d'économie politique*, dans *Compte rendu de la Semaine sociale de Strasbourg* (1922), Gabalda, p. 147 et s.

économique, en tant que science, est nécessairement dépendante de la morale. D'après J. Vialatoux, il ne suffit pas d'accumuler des observations et des faits pour avoir une science. Une science n'est digne de ce nom que lorsqu'elle a pour objet des lois et un ordre. « Pour que ce qui est soit objet de science, il faut que ce qui est soit « subsumé » sous une législation (gesetz mässig), soit ordonné. » Or, la vie économique, d'après cet auteur qui appartient à l'école catholique sociale, demeure désordonnée et anarchique tant qu'elle n'accepte pas de se soumettre à une règle supérieure, règle qui doit lui être donnée par « la philosophie éternelle à laquelle adhère l'Eglise catholique ».

Est-il besoin de montrer longuement ce que renferme de sophistique cette thèse, qui voudrait nous ramener d'un siècle et demi en arrière, aux conceptions physiocratiques du Plan divin et de l'Ordre naturel des choses. Il est aujourd'hui reconnu dans toutes les disciplines scientifiques qu'il y a science partout où il y a des constances et des enchaînements réguliers, et l'expérience montre que, dans l'ordre économique, ces constances et ces enchaînements se retrouvent au sein des sociétés les plus diverses au point de vue moral, religieux, métaphysique. Sans doute, les conceptions morales, religieuses, métaphysiques dominantes à une époque et dans un pays donné ne sont pas sans avoir des répercussions économiques. Par exemple, le marché de la viande de porc ou celui du poisson seront influencés par le fait que, la masse de la population étant israélite ou catholique, respectera l'abstention absolue ou partielle de certaines consommations ordonnées par sa religion. Mais c'est seulement dans cette mesure, en tant qu'elles sont des faits sociaux, conditionnant le mécanisme de la vie économique, que les conceptions religieuses, métaphysiques, morales, doivent être, par la science économique, prises en considération. Et c'est dire que, de nos jours, cette science ne peut plus être traitée comme la servante de la morale ou de la théologie (1).

*
* *

Au terme de cette revue, sans doute aperçoit-on les traits généraux et les tendances essentielles de la science économique française contemporaine. Les meilleurs économistes français d'aujourd'hui sont acquis à une méthode où domine l'élément expérimental et s'attachent, à l'aide de cette méthode, à compléter et à renouveler les théories économiques traditionnelles. Ils apportent dans l'exécution de ce travail un très vif souci de précision dans le détail et de prudence dans les conclusions. Si l'interprétation des phénomènes économiques diffère souvent grandement d'un auteur à l'autre, on retrouve du moins à peu près chez tous une très nette défiance des solutions simples et unilatérales et le sentiment qu'à des faits extrêmement complexes ne peuvent convenir que des explications nuancées. Bref, une théorie économique plus souple, plus analytique que l'économie classique et néo-classique, jugée trop mécanique, trop purement logique, trop schématique, voilà, en somme, ce que s'efforce de nous donner la science française contemporaine (2). Peut-être, au reste, s'apercevra-t-on, à mesure que les analyses fragmentaires se rejoindront en une synthèse, qu'il y a lieu moins à une reconstruction complète de l'édifice classique et néo-classique qu'à un réaménagement qui rendra cet édifice plus logeable, les pièces dont il se compose mieux ordonnées, leur contenu plus riche

(1) Cf. en ce sens, P. Bureau, *La Science des mœurs. Introduction à la méthode sociologique*, Bloud et Gay, 1923; Ch. Turgeon, *Contribution à l'histoire contemporaine des doctrines économiques* (*Revue d'histoire économique et sociale*, 1925).

(2) Cette orientation de la science française n'est pas sans analogie avec celle de la jeune école américaine. Cf. *The Trend of Economics*, edited by R. G. Tugwell, New-York, A. A. Knopff, 1924.

et plus varié. Même limitée à cet office, l'œuvre de réaménagement serait déjà d'un puissant intérêt, surtout si, comme pour notre part nous le pensons [1], alors que le XIXe siècle fut, en économie politique, le siècle des synthèses provisoires et abstraites, le XXe doit être celui des analyses prudentes et positives.

(1) Cf. dans le même sens, Max LAZARD, *Le Travail humain, son utilisation et sa rémunération*, dans *Problèmes actuels de l'économique*, Colin, 1921.

CHAPITRE II

FONDEMENT DE LA VALEUR ET LOIS DE L'ECHANGE

Avec les tomes II et III, récemment parus, s'achève le grand ouvrage que MM. Charles et Charles-Henri Turgeon ont consacré au problème de la valeur (1). Sous sa forme initiale, ce travail fut présenté comme thèse de doctorat par M. Ch.-H. Turgeon, en 1913, devant la Faculté de droit de Rennes. La troisième édition, revue et augmentée avec la collaboration de M. le doyen Turgeon, comporte trois tomes. Le tome Ier est un tableau des principales théories de la valeur soutenues par les économistes anglais et français depuis Adam Smith et les Physiocrates jusqu'à nos jours. Le tome II présente la critique des doctrines exposées dans le tome Ier et conclut qu'aucune d'elles n'est en mesure d'expliquer complètement la valeur. Le tome III veut être une œuvre de reconstruction. Après avoir éliminé les doctrines jugées par eux incomplètes ou erronées, MM. Turgeon s'efforcent d'élaborer une théorie plus satisfaisante, qui utilise les analyses de leurs devanciers en ce qu'elles ont de partiellement exact.

(1) Ch. et Ch.-H. Turgeon, *Etudes sur la valeur.* Premières études : *La valeur d'après les économistes anglais et français depuis Adam Smith et les physiocrates jusqu'à nos jours*, 1 vol. in-8°, Tenin, 3e éd., 1925. Deuxièmes études : *La valeur. Critique des doctrines anglaises et françaises relatives à la valeur, aux prix et à la richesse*, 1 vol. in-8°, Tenin, 2e éd., 1927. Troisièmes études : *La valeur, son origine et son caractère psychologiques. Ses conditions, ses formes et ses variations*, 1 vol. in-8°, Tenin, 2e éd., 1927.

Un certain nombre de chapitres de ces tomes II et III avaient été publiés au cours des dernières années dans diverses revues. Mais c'est aujourd'hui seulement qu'il est possible de prendre une vue complète de l'œuvre et de porter sur elle un jugement d'ensemble.

Le champ que MM. Turgeon ont parcouru est très vaste. La valeur, comme ils le disent, est « le phénomène central et la notion essentielle » de la science économique (1). Si on veut l'étudier sous ses divers aspects, on est amené à envisager d'un certain angle, et qui est l'angle proprement économique, tous les faits de production, de circulation, de répartition, de consommation. En outre, à l'occasion et à propos des théories de la valeur, c'est la méthode même et la conception générale de l'économie que MM. Turgeon ont entendu évoquer. Cet élargissement est de plus en plus sensible à mesure que l'on passe d'une édition à l'autre, et que la part de M. Turgeon père dans l'œuvre commune s'affirme et s'étend. Peut-être même sera-t-on tenté de penser que certains chapitres, au cours desquels M. Ch. Turgeon polémique avec son collègue de la Faculté de droit de Rennes, M. Ch. Bodin, ne se relient que d'une manière assez ténue au reste de l'ouvrage. L'intérêt de l'œuvre n'en est pas pour cela diminué, et sa lecture nous est une bonne occasion de méditer à la fois sur les questions particulières que soulève la théorie de la valeur et sur quelques problèmes généraux de méthode et de philosophie.

I. — Science économique et politique sociale.

MM. Turgeon ont voulu aborder le probème de la valeur dans un esprit strictement scientifique. Par là, ils ont été conduits à écarter, non certes comme méprisables ou

(1) II, p. 8.

vaines, mais comme étrangères au sujet, les préoccupations de morale, d'équité, de justice. Et ils se sont trouvés en conflit avec ceux qui se refusent à séparer, en matière économique et sociale, la science et la morale, l'explication et l'appréciation. Dans le chapitre 1er du tome II, MM. Turgeon proclament nettement le droit de la science économique à l'autonomie et à l'indépendance : « La science, disent-ils, cherche la loi de ce qui est et laisse à d'autres le soin de travailler à ce qui doit être. Corriger le mal et assurer le bien sont des fonctions augustes, mais qui relèvent de disciplines autres que l'économie politique. » (1). Et nos auteurs rappellent que l'économie politique n'est parvenue à se constituer à l'état de science qu'en se séparant des écoles religieuses, morales, juridiques, qu'il a fallu des siècles pour que cette séparation s'accomplît, que ce serait compromettre les progrès de la science que de revenir à un confusionnisme dont elle a si longtemps souffert (2). Sur tous ces points, il nous semble que MM. Turgeon ont pleinement raison, et qu'ils ont fait œuvre méritoire en défendant la science économique contre des déviations et des déformations singulièrement dangereuses. Si l'on admet leur thèse, on sera amené non seulement à rejeter les tentatives d'auteurs, comme M. Vialatoux, pour qui la théorie économique ne saurait être complète que si elle s'adosse et se relie à la religion (3), mais encore à repousser les subtiles distinctions que M. Ch. Bodin place à la base de la science économique (économie simple et économie complexe, phénomènes directs et phénomènes dérivés), et dont M. Ch. Turgeon montre qu'elles impliquent une distinction du bien et du mal qui est évidemment de caractère éthique (4).

(1) II, 19.
(2) II, p. 29 et s.; III, p. 118 et s.
(3) J. Vialatoux, *La notion d'économie politique (Compte rendu de la Semaine sociale de Strasbourg*, 1923).
(4) *Ibid.*, p. 21-22.

Toutefois, si nous sommes d'accord avec MM. Turgeon sur la nécessité de donner à l'économie politique un esprit rigoureusement scientifique, il nous semble qu'ils font de ce juste principe des applications parfois excessives.

Après avoir vivement, et à notre sens justement, critiqué l'école sociale catholique lorsqu'elle nie l'indépendance de la science économique, MM. Turgeon s'attaquent à nouveau à elle, ainsi qu'aux écoles interventionnistes et socialistes, à l'occasion des théories du juste prix et des essais de taxation [1]. Or, ici, nous ne sommes plus sur le terrain de la pure science, mais sur celui de l'économie appliquée, ou mieux, de la politique économique. De ce fait, la position de MM. Turgeon devient beaucoup moins forte. Sans doute, quand il s'agit de choisir entre plusieurs politiques, les enseignements de la science doivent être pris en considération. Un système doctrinal ou un projet de législation qui méconnaîtrait et heurterait directement les lois de la valeur et des prix mériterait d'être qualifié d'anti-scientifique. On pourrait, d'avance, pronostiquer son insuccès et demander que soit faite l'économie d'une expérience fatalement vouée à l'échec. Mais, pour demeurer impartial, il convient de ne pas oublier que, pendant les années de guerre, — et MM. Turgeon le reconnaissent, — les conditions de la libre concurrence étaient pour la plupart absentes; que donc, si l'on veut, pour cette époque, balancer les avantages et les inconvénients de la taxation, ce n'est point à un régime concurrentiel, en tout état de cause impossible, qu'il faut la comparer. Il faut se demander comment se seraient fixés les prix et comment se seraient réparties les quantités produites en l'absence de toute réglementation. Or il est incontestable que le résultat eût été, — qu'il a été effectivement aux périodes et dans les pays

(1) III, chap. VI et VII.

où la taxation n'était pas en vigueur, — l'exploitation des consommateurs, et surtout la rafle des produits par une minorité d'acheteurs fortunés. Qu'il y ait là une situation inadmissible, c'est ce que l'on peut affirmer sans se mettre en dehors de la science économique. Et s'il est vrai que, dans le monde d'après guerre, cette situation à quelque degré subsiste, s'il est exact, en particulier, — et MM. Turgeon ne le contestent pas, — que le développement des ententes et des monopoles, la pratique des prix syndicaux, etc., nous éloignent de plus en plus de l'hypothèse de la libre concurrence, du prix contractuel, du débat individuel, ne sommes-nous pas en droit, lorsque les prix qui résultent du jeu spontané des lois économiques dans ce milieu nouveau sont par trop choquants, de juger légitime une intervention de l'autorité publique et des tribunaux qui contraindra producteurs et vendeurs à ne pas abuser des avantages que la conjoncture économique leur confère. Au reste, MM. Turgeon sentent bien que ni l'économiste ni l'homme d'Etat ne peuvent demeurer passifs en présence de ces abus, mais les remèdes qu'ils recommandent ne sauraient nous suffire : « Que les consommateurs se défendent, nous disent-ils [1], en formant des ligues et des coopératives ! » Et assurément, il est souhaitable que ce conseil soit suivi. Mais c'est un fait qu'actuellement, et peut-être pour longtemps encore, l'organisation des consommateurs n'existe que d'une manière embryonnaire et sporadique. D'ici qu'elle se soit généralisée, laisserons-nous les acheteurs désarmés? « Que toutes les forces morales de rédressement (religion, presse, enseignement) s'unissent, ajoutent-ils [2], pour combattre la démoralisation envahissante! » Mais ici encore, il s'agit d'une œuvre à longue échéance et d'une efficacité d'ailleurs incertaine. Que les tribunaux interviennent et frappent fort quand

(1) II, p. 323-324.
(2) *Ibid.*, p. 325.

la justice « est chassée des affaires et violée dans les contrats »! Cette formule, à laquelle, en dernière analyse, aboutissent nos auteurs (1), est susceptible de plusieurs interprétations. S'agit-il simplement de punir ceux qui se rendent coupables de manœuvres dolosives, de tromperies sur la nature ou la qualité des marchandises? Il semble que telle soit la pensée de MM. Turgeon. Mais alors la répression pénale ne frappera que des cas exceptionnels et laissera en dehors d'elle toutes les transactions où, sans fraude *stricto sensu*, par le seul effet d'un déséquilibre économique, une des parties aura abusé de l'autre pour lui imposer un marché inique. Admettra-t-on de la formule une interprétation extensive ? Accordera-t-on à l'administration ou à la justice un droit de regard sur le niveau des prix et le taux des profits? L'exercice de ce droit de regard impliquera le recours aux notions de juste prix et de juste bénéfice que, tout à l'heure, on prétendait bannir. Bref, si l'on veut, comme MM. Turgeon le souhaitent, faire œuvre réaliste, c'est en face de la vie économique d'aujourd'hui qu'il faut se placer, soit que l'on se propose, en savant, de l'expliquer, soit que l'on veuille, en réformateur, la corriger. S'il prend cette attitude, le savant se rendra compte que l'interpénétration de l'économie individuelle et de l'économie collective, de l'activité privée et de l'activité publique, la démocratisation et la syndicalisation des sociétés, ne sont pas des excroissances passagères, mais correspondent à des tendances profondes de la vie moderne, commandent l'armature de notre système économique, en constituent les cadres et en dominent l'agencement. Quant aux réformateurs, se plaçant eux aussi dans cet état de fait qu'il n'est vraisemblablement au pouvoir de personne de supprimer, ils combineront en conséquence leurs programmes d'ac-

(1) *Ibid.*, p. 326.

tion et d'intervention. L'économie politique ainsi comprise n'aura pas sans doute la simplicité de lignes ni l'uniformité d'attitude de l'économie libérale. Elle sera plus complexe dans son tableau des forces économiques, plus nuancée dans ses jugements sur la politique sociale. Pour être plus *réaliste*, elle n'en sera pas moins *scientifique*.

II. — La théorie psychologique de la valeur.

Dans l'infinie variété des explications de la valeur, les préférences de MM. Turgeon vont aux théories subjectives. Dès l'abord, par la façon même dont ils posent et délimitent le problème, MM. Turgeon se placent aux côtés des psychologues, à l'opposé des sociologues et des mathématiciens. C'est de la valeur, et non des prix, qu'ils s'occupent, et ils qualifient d'esprits « incurablement élémentaires » ceux qui abandonnent la recherche des causes de celle-là pour se borner à l'étude des variations de ceux-ci (1). Ces économistes, à leur sens défaillants, sont comparés par eux au chimiste qui se refuserait à analyser la composition de l'air. Aussi MM. Turgeon font-ils appel des condamnations retentissantes portées naguère contre l'expression de valeur par MM. Aupetit et Brouilhet. « Pour que l'homme se borne, écrivent MM. Turgeon, aux variations visibles et quantitatives des prix, il faudrait l'empêcher de penser. Rapetisser les recherches économiques, c'est vouloir rapetisser la science, rapetisser l'esprit humain » (2). Evitons ce rétrécissement, cette mutilation de l'économie politique et donc, si ardu que soit le problème de la valeur, abordons-le de front. Or, si l'on s'attache à comprendre, à pénétrer le jeu des valeurs, on ne tardera

(1) III, p. 44.
(2) *Ibid.*, p. 171.

pas, derrière la valeur d'échange, à voir se profiler la valeur d'usage, avec son contenu essentiellement psychologique. Sans doute, valeur d'usage et utilité ne se confondent point; il n'y a valeur que lorsqu'il y a utilité rare, utilité onéreuse. Néanmoins, l'utilité demeure la première des *conditions* constitutives de la valeur. Le *principe* de la valeur est dans l'homme même. Le *fondement* de la valeur est dans les besoins humains. La *cause* de la valeur est dans le désir que nous avons des choses, désir fondé lui-même sur la croyance que ces choses sont susceptibles d'apaiser un de nos besoins. Désirs et croyances, ce sont donc des notions proprement psychologiques que nous découvrons quand nous poussons à fond l'analyse. Et, logiques avec eux-mêmes, MM. Turgeon n'accordent dans leur synthèse qu'un rang secondaire à deux éléments que certains économistes ont placés au premier plan : le travail et l'échange. Ce ne sont, d'après eux, que des conditions subordonnées de la valeur, non des éléments primaires et essentiels (1).

En mettant ainsi l'accent sur les aspects psychologiques de la valeur, MM. Turgeon n'ont point d'ailleurs prétendu innover. Ils estiment avoir simplement suivi la tradition de ce qu'ils appellent l' « Ecole française ». D'après eux, il existe en effet deux écoles nettement différenciées. L'Ecole anglaise, caractérisée par les noms de Smith, Ricardo, Malthus, Senior, Mac Culloch, Stuart Mill, ramène la valeur au travail et au coût de production. L'Ecole française, au contraire, dès la seconde moitié du XVIIIe siècle, avec Turgot et Condillac, prend l'utilité comme clef de voûte de l'édifice et lui demeure par la suite immuablement fidèle. C'est seulement à l'époque contemporaine que les deux écoles se seraient rapprochées ou, plus exactement, que l'Ecole anglaise,

(1) II, p. 118 et p. 172-173.

élargissant son point de vue, serait venue rejoindre l'Ecole française, restée solidement fixée sur ses positions premières, et aurait reconnu, avec Stanley Jevons, Marshall, Foxwell, Edgeworth, Chapman, Smart, la nécessité de faire une place à l'utilité dans l'explication de la valeur des choses.

Pour achever de marquer l'attitude qu'à la suite de l'Ecole française MM. Turgeon ont adoptée, indiquons que cette affirmation du caractère psychique de la valeur retentit sur leur conception de la science économique. Ayant pour objet des faits psychologiques, la science économique se distingue radicalement des disciplines dont le domaine est d'ordre physique ou physiologique. Tandis que ces dernières, s'appliquant à des choses matérielles régies par un déterminisme rigoureux, peuvent formuler des lois inéluctables, qui revêtent souvent une expression numérique, la science économique, placée sur un terrain où règne le libre arbitre humain, ne saurait avoir autant de sûreté ni autant de précision (1). Et MM. Turgeon d'en conclure qu'il y a une véritable incompatibilité entre l'économie politique et la méthode mathématique (2).

III. — Y a-t-il une « Ecole française » de la valeur ?

La belle étude de MM. Turgeon suscitera sans doute de fécondes controverses. Sur bien des points des objections s'élèvent dans l'esprit du lecteur. Signalons quelques-unes de celles qui nous sont venues (3).

(1) Cf., en particulier, II, p. 227.

(2) III, chap. V, p. 181 et s.

(3) Nous avons volontairement laissé de côté, pour ne pas allonger à l'excès cette analyse critique, certaines théories spéciales de MM. TURGEON qui appelleraient une discussion détaillée. Ainsi, au chapitre VIII du tome II, reprenant une thèse soutenue jadis par l'un d'eux dans la *Revue d'économie politique* (1889, p. 3-52), nos auteurs soutiennent qu'il n'existe point de richesses immatérielles. Avouons qu'ils ne nous

Et tout d'abord, l'existence d'une Ecole française, en ce qui concerne la théorie de la valeur, ne nous paraît nullement certaine. Assurément, à un moment précis de l'histoire des théories économiques, aux environs de 1776, la pensée française s'oppose à la pensée anglaise. Condillac représente l'explication psychologique et subjective, tandis que Smith donne une note plus objective et plus sociale. Mais la question est de savoir si l'on peut, quand on embrasse l'histoire de la théorie de la valeur au cours des deux derniers siècles, donner l'orientation psychologique comme le trait spécifique des auteurs français. MM. Turgeon s'y efforcent. Il nous semble qu'ils n'y réussissent qu'imparfaitement. Des Physiocrates, ils parlent peu, et cela se comprend. Ils consacrent bien tout un paragraphe aux « influences physiocratiques » (1), mais il n'y est guère question que de Turgot, physiocrate qui sent un peu le fagot. Il eût cependant été intéressant d'examiner de près les vues de Physiocrates les plus représentatifs et en particulier du docteur Quesnay. Seulement on se serait vite aperçu que ce qui caractérise leurs développements sur la valeur, ce n'est point le subjectivisme ni le psychologisme; c'est, tout au contraire, un objectivisme matérialiste dont la théorie physiocratique du produit net est la plus curieuse conséquence (2). Répondra-t-on que les successeurs des

ont pas convaincu, et qu'il nous paraît y avoir une singulière contradiction entre leur conception psychologique de l'économie et leur conception matérialiste de la richesse. S'il est vrai que les lois de la valeur et des prix régissent à la fois richesses et services (et qui nierait que l'utilité et la rareté interviennent dans la fixation des honoraires du médecin et de l'avocat comme dans l'établissement du prix de la côtelette ?), il nous semble qu'il n'y a aucune raison scientifique de creuser un fossé entre les uns et les autres — à moins qu'on introduise dans la science économique des considérations et des préoccupations morales — mais MM. Turgeon n'ont-ils pas été les premiers à nous mettre en garde contre les dangers de cette introduction ?

(1) I, chap. IX, p. 372 et s.

(2) MM. Turgeon passent aussi très rapidement sur Cantillon, chez

Physiocrates ont très vite abandonné la fausse route où ceux-ci s'étaient un moment égarés? Nous répliquerons qu'au cours du XIXe siècle quelques-uns des meilleurs parmi les économistes français n'ont pas hésité à accorder aux facteurs objectifs et sociaux la primauté sur les considérations individuelles et subjectives. Tel est le cas de Droz, de Courcelle-Seneuil, de Cherbuliez, dont les théories débordent singulièrement les cadres de l'explication psychologique. MM. Turgeon, qui le sentent bien, les accusent de s'être montrés infidèles à l'Ecole française et d'avoir subi l'influence d'outre-Manche (1). Mais, déjà, on aperçoit que cette Ecole française, dont tant de Français sont chassés ou s'excluent, apparaît comme un peu arbitrairement conçue. Il y a plus. Dans leur historique de l'Ecole française, MM. Turgeon n'ont réservé que quelques pages à Cournot, et moins encore à Walras. Or, si l'on demandait à un économiste étranger quels sont les Français qui ont fourni les contributions les plus importantes à l'élaboration de la théorie de la valeur, il est très probable qu'il mettrait Cournot et Walras au tout premier rang. Comment expliquer que MM. Turgeon les aient à ce point dédaignés? Alors surtout que Marshall et Foxwell, dans des lettres de janvier 1913 à M. Ch.-H. Turgeon (2), lui avaient signalé l'importance de Cournot. La raison en est peut-être que des auteurs comme Cournot et Walras s'inséraient malaisément dans les cadres généraux adoptés par MM. Turgeon, puisqu'ils sont à la fois des psychologues et des mathématiciens. Mais cela permet de douter, — nous y reviendrons plus loin, — de la solidité de ces cadres eux-mêmes. Il est enfin un autre auteur français moderne

qui, pourtant, on trouve une théorie de la valeur qui mérite examen. Cf. G. Pirou, *La théorie de la valeur chez W. Petty et R. Cantillon* (*Revue d'histoire des doctrines économiques et sociales*, 1911).

(1) I, Chap. X, et XI.

(2) I, p. 340-341.

que MM. Turgeon ont, sauf erreur, complètement passé sous silence, et qui nous paraît cependant avoir apporté en la matière sinon des idées neuves, ce qui est bien difficile, du moins des vues singulièrement judicieuses et pénétrantes : nous voulons parler de Maurice Bourguin, et en particulier de son analyse si fouillée des rapports entre le coût de production et le prix de vente [1]. Il est vrai qu'ici encore, en donnant à Bourguin la place qu'à notre sens il mérite, MM. Turgeon eussent fait craquer les cadres de leur Ecole française.

A la vérité, si l'on voulait à toute force trouver un fonds commun aux vues des économistes français qui se sont occupés de la valeur, c'est, me semble-t-il, moins le subjectivisme que l'éclectisme que l'on devrait signaler. Au début de son exposé des théories françaises, M. Ch. Turgeon note très justement que celles-ci ont moins de « relief », moins « d'accent » que les théories anglaises [2]. Il en donne comme raison le fait que les Français, ayant découvert tout de suite la véritable solution du problème, n'ont pu que se répéter les uns les autres, sans rien ajouter de proprement original aux vérités énoncées par les premiers d'entre eux. Il nous semble que le caractère amorphe et un peu invertébré des théories françaises tient plutôt à ce qu'on y rencontre, à la fois et un peu pêle-mêle, les divers et nombreux éléments susceptibles d'influencer la valeur : utilité et rareté, satisfaction procurée et difficulté vaincue, conditions de l'offre et conditions de la demande. Peut-être pourrait-on en ce sens parler d'une Ecole française qui s'opposerait et à l'Ecole anglaise, caractérisée par la prédominance (du moins jusqu'à Jevons) du coût de production, et à l'Ecole autrichienne, qui ramène valeur d'usage et valeur d'échange à la seule utilité finale.

(1) *Revue d'économie politique*, 1895, p. 883 et s. MM. Turgeon mentionnent cependant cette étude dans leur bibliographie.

(2) I, p. 364.

Mais mieux vaut encore écarter complètement ce terme d'Ecole française. L'éclectisme, en effet, ne saurait suffire à fonder une école, à moins qu'il n'y ait, entre tous les auteurs qui le pratiquent, accord sur le dosage des éléments qu'ils retiennent et combinent; mais précisément les économistes français, s'ils ont eu le mérite de se garder des explications unilatérales qui pèchent toujours par quelque côté, se sont trop souvent contentés de juxtaposer, sans les fondre en une explication synthétique, les multiples facteurs de la valeur. En outre, ces qualificatifs d'Ecole française, anglaise, autrichienne, américaine, sont toujours en quelque mesure erronés, et le deviennent de plus en plus à mesure que l'activité scientifique s'internationalise davantage. Un économiste de premier plan, — un Cournot ou un Jevons, — exerce une influence qui dépasse de beaucoup les frontières de son pays natal, et ces influences réciproques s'entremêlent pour enlever finalement aux écoles tout caractère proprement national. Un Condillac influe profondément sur un Jevons; un Cournot sur un Marshall. L'école dite autrichienne transforme la pensée américaine ou italienne. Et plus ces contacts se multiplieront, plus on aura de chances d'atteindre la vérité.

IV. — Notion de valeur et science positive.

Si maintenant nous prenons en elle-même l'explication psychologique de la valeur à laquelle MM. Turgeon se rallient, et si nous nous demandons ce qu'il en faut penser, il me semble qu'il convient, pour l'apprécier équitablement, de distinguer deux questions. S'agissant du « principe » et du « fondement » de la valeur, il me paraît que MM. Turgeon ont raison de leur donner un substratum psychologique, et l'on peut se ranger à leur côté lorsqu'ils approuvent la formule de M. A. Deschamps, d'après laquelle les seuls individus producteurs de la valeur sont les consommateurs. Mais reste à se demander si, pour l'économiste, le véritable problème est là. Au risque d'être rangé par MM. Turgeon dans cette catégorie d'esprits qu'ils flétrissent du qualificatif « d'incurablement élémentaires », nous inclinons à penser que, pour l'économiste, la question essentielle à résoudre est celle de la valeur d'échange, non de la valeur d'usage, celle des causes de fluctuation des prix, non du principe de la valeur. Notre science, en effet, si elle veut demeurer sur son terrain, doit prendre, comme objet propre d'étude, les faits économiques, qui sont une partie de l'ensemble des faits sociaux. Donc la valeur d'usage, en tant que telle, est en marge de la science économique, n'étant pas un fait social puisqu'elle résulte d'une appréciation d'importance relative entre plusieurs objets, portée par l'individu isolé. Quant à la recherche du « principe » ou du « fondement » de la valeur, elle déborde aussi l'objet de la science positive, qui borne son ambition à découvrir les rapports nécessaires de coexistence ou de succession entre les faits. Quand MM. Turgeon évoquent, pour en tirer argument, le cas du chimiste qui analyse la composition de l'air, il est facile de leur répondre qu'à la différence de l'alchimiste de jadis, le chimiste d'aujourd'hui ne se préoccupe plus des principes et des essences et qu'il se contente de découvrir les lois qui président à la combinaison et l'agencement des corps. L'économiste l'imitera en s'attachant avant tout à découvrir les lois de l'échange.

Assurément, au cours de cette recherche, on rencontrera les éléments et les facteurs psychologiques, et on devra leur faire une part dans l'explication. Assurément aussi, pour rendre compte de la valeur d'échange, on sera amené à s'occuper de la valeur d'usage, car celle-ci est le support de celle-là. Mais il n'est pas indifférent de bien noter que c'est la valeur d'échange qui est la réalité dont part l'économiste, et à l'explication de laquelle il doit finalement aboutir. De même qu'il n'est pas sans intérêt de préciser que l'objet propre de la recherche économique est moins le fondement de la valeur que le mouvement des prix. Car l'esprit et la méthode de la recherche vont être modifiés par ce double changement de point de vue. Dans la mesure où la psychologie interviendra, il s'agira souvent de psychologie collective plutôt que de psychologie individuelle. La valeur d'échange se forme sur un marché, dans un milieu social, et les désirs, les goûts, les croyances des individus sont, par cette ambiance, profondément influencés. MM. Turgeon ne l'ont point d'ailleurs méconnu. Le chapitre VIII de leur tome III (1) est tout entier consacré à décrire les influences collectives qui s'exercent sur les valeurs. Il s'en faut cependant qu'ils aient donné à cet aspect du sujet toute son importance. C'est ainsi qu'ils auraient pu, semble-t-il, en étudiant l'action de la publicité sur l'échange et sur les prix, mettre à nu d'une manière frappante ces faits de psychologie collective qui, dans la vie quotidienne, déterminent très souvent la conduite des individus et la font autre qu'elle n'eût été s'ils n'avaient pas, en quelque sorte, baigné dans une atmosphère sociale, s'ils n'avaient pas été entraînés par un puissant courant collectif. Seulement, pour bien connaître ces faits de psychologie sociale et déterminer leur action, il est clair que ce n'est plus à l'introspection, mais à l'observation externe, qu'il faut avoir recours et l'on voit que la méthode doit donc se modifier en même temps que l'objet de l'étude. En outre, ces faits de psychologie collective, objectivement enregistrés, présentent une régularité qui permet souvent de les enchâsser dans des formules rigoureuses (2), et il apparaît, dès lors,

(1) III, p. 318 et s.

(2) Par exemple, certaines enquêtes autrichiennes ou américaines ont permis de mesurer exactement les différences dans l'efficacité d'une réclame selon ses dimensions ou d'un étalage suivant sa présentation.

que, contrairement à ce que soutiennent MM. Turgeon, il n'y a point incompatibilité entre les facteurs psychologiques et les formules numériques ni entre l'économique et la mathématique. Il ne sera pas inutile de nous arrêter quelques instants sur ce point. Trop d'économistes ont tendance à croire qu'une économie psychologique, étant de nature qualitative, s'oppose nécessairement à l'économie quantitative. Cette opposition, si elle était fondée, serait singulièrement grave, car la plupart des grands faits économiques ont, au moins partiellement, des soubassements psychologiques, et le plus notable progrès fait récemment, à la lumière des expériences de la guerre et de l'après-guerre, par les théories de la monnaie et du change, a été la reconnaissance du rôle essentiel que jouent, en la matière, les faits de psychologie, et en particulier de psychologie collective (1). Est-ce à dire qu'il faudra, sur ces questions, renoncer aux lois rigoureuses, aux théories fermes, aux formules numériques? Heureusement, rien n'est moins certain. Psychologie et statistique ne s'excluent nullement. Les croyances et les appréciations des hommes, surtout des hommes vivant en société, sont soumises, elles aussi, à des lois. Les résultats des volontés humaines s'inscrivent en des statistiques et se traduisent en des graphiques dont l'analyse et le rapprochement révèlent des constances et des corrélations frappantes, pour peu que l'on apporte à leur étude une suffisante sagacité, aidée par une technique qui, pour être de date récente, n'en a pas moins déjà donné de nombreuses preuves d'efficacité

Par ailleurs, quand on concentre l'attention sur les problèmes de la valeur d'échange et des prix, on se rend vite compte qu'à côté des éléments psychologiques, seuls en cause lorsqu'il s'agit du fondement de la valeur, inter-

(1) Cf. A. Aftalion, *Monnaie, prix et change*, Librairie Sirey, 1927.

viennent d'autres éléments qui concourent, eux aussi, à la détermination du niveau des prix. Même, pour certaines marchandises et dans certaines conditions, — les marchandises reproductibles, en régime de libre concurrence, — il arrive, le fondement de la valeur demeurant toujours subjectif, que les lois des prix sont principalement commandées par les éléments non psychologiques. C'est ce qu'avaient fort bien vu les économistes classiques anglais. En réalité, dans des proportions variables suivant les cas et les circonstances, la fixation des prix résulte d'un concours d'éléments divers : les uns, déterminant les conditions de la demande, comprennent tout ce qui est susceptible d'influencer les désirs des acheteurs et leur capacité de paiement; les autres, déterminant les conditions de l'offre, comprennent tout ce qui est susceptible de modifier les quantités produites et les prétentions de ceux qui les apportent au marché.

Est-il possible d'échapper à cette dualité d'éléments hétérogènes ? L'Ecole autrichienne l'a tenté, et MM. Turgeon ont compris que là est sa véritable originalité. L'utilité finale des Autrichiens se distingue de l'utilité rare de leurs prédécesseurs en ce qu'elle ramène à l'unité, utilité et rareté. Mais MM. Turgeon nous montrent que cette unité est plus apparente que réelle et que la théorie autrichienne, excellente dans son analyse de la demande et des besoins, est moins satisfaisante dans son étude de l'offre et de la production.

Désireux de ne point tomber dans ce travers, MM. Turgeon ont voulu tenir la balance plus égale. « Ramener la valeur au coût de production, écrivent-ils, dans la conclusion de leur tome III [1], c'est sacrifier la demande à l'offre; ramener la valeur aux besoins de la consommation, c'est inversement sacrifier l'offre à la demande. Comme le contrat d'échange qui la réalise, la valeur

(1) P. 389-390.

d'échange elle-même met en scène deux personnages animés d'intérêts contraires, qui, lorsqu'ils finissent par s'entendre et s'accorder, coopèrent à la fois à la formation du contrat et à la formation de la valeur. D'un mot, la valeur d'échange est bilatérale. » On ne saurait mieux dire. Seulement, on aperçoit que, s'agissant de la valeur d'échange, MM. Turgeon abandonnent la pure explication psychologique pour en adopter une infiniment plus large et plus compréhensive. En définitive, on peut dire d'eux ce que nous disions tout à l'heure de leurs prédécesseurs français : leur théorie des prix est éclectique plutôt que psychologique.

Toutefois, faute d'avoir assez distingué les deux problèmes du fondement de la valeur et des lois de l'échange, faute d'avoir donné la première place à celui des deux qui est plus proprement économique (1), nos auteurs sont demeurés fidèles à une méthode d'exposition et de recherche qui était celle de la psychologie classique (2), mais qui ne convient peut-être pas aussi bien à l'économie positive. Croyant que la vérité ne pouvait se découvrir que par l'introspection et le raisonnement, ils ont

(1) Dans leur controverse avec M. Ch. Bodin au sujet de « l'équivalence des valeurs échangées » (chap. III, t. III), MM. Turgeon paraissent avoir raison en ce qui concerne la valeur d'échange et tort en ce qui concerne la valeur d'usage. Du point de vue individuel, il n'y a pas nécessairement équivalence entre la chose donnée et la chose reçue. Si l'individu consent à l'échange, c'est d'ordinaire parce qu'il estime que ce qu'il donne vaut moins que ce qu'il reçoit. Il se peut même que l'écart soit très grand et rien ne nous permet d'affirmer que cet écart sera le même pour les deux échangistes. Mais si l'on passe du point de vue individuel au point de vue social, de la confrontation des valeurs d'usage, pour chaque coéchangiste, à la constatation des prix, on voit que l'échange exprime non pas seulement, comme le disent MM. Turgeon, une équivalence approximative, mais une égalité rigoureuse. Et c'est une preuve de plus qu'il n'y a point antinomie entre le fait social et l'expression mathématique.

(2) Et que la psychologie moderne semble elle-même abandonner au profit d'une méthode plus objective. Cf. le grand *Traité de psychologie*, publié sous la direction du professeur Dumas, Alcan, 2 vol.

considéré que l'essentiel de leur tâche devait être un travail minutieux de réflexion, d'analyse de théories, de distinctions et de définitions. A cet égard, leurs trois volumes forment une œuvre magistrale et constituent une sorte de *Somme* de ce qui a été écrit sur la valeur en France et en Angleterre et de ce que l'on pouvait y ajouter à l'aide du bon sens appliqué sur les faits d'observation commune.

Pour porter plus loin qu'eux la théorie de la valeur et des prix, il faudra user d'une autre méthode et se placer à un autre point de vue : prendre comme point de départ les mouvements des prix tels que les statistiques nous les font connaître, y appliquer les procédés modernes d'interprétation des données numériques, vérifier les hypothèses qui surgiront alors en les soumettant à l'épreuve de la confrontation avec d'autres données positives. Peut-être pourra-t-on ainsi arriver à mesurer la part respective d'influence qu'exercent sur les prix, suivant les marchandises, les lieux, les époques, les divers éléments qui concourent à leur formation. Déjà, un certain nombre d'économistes et de statisticiens ont réussi par ce moyen à éclairer quelques fragments du vaste domaine qui est à explorer [1]. Ils n'ont, à la vérité, mis au jour aucun élément nouveau, et sans doute n'y prétendaient-ils point, mais c'est déjà beaucoup que de substituer aux probabilités du bon sens et aux développements un peu vagues de l'économie littéraire des certitudes objectives et des mesures précises. Nous sommes con-

(1) Cf. Marcel LENOIR, *Prix, production et consommation de quelques marchandises* (*Bulletin trimestriel de la Statistique générale de la France*, 1912-1913); Marcel LENOIR, *Etudes sur la formation et le mouvement des prix*, Giard. 1913; L. BROCARD, *La grosse métallurgie française et le mouvement des prix de* 1890 *à* 1913, *Revue d'histoire économique et sociale*, 1922; F. SIMIAND, *La formation et les fluctuations des prix du charbon en France pendant vingt-cinq ans* (1887-1912) (*Revue d'histoire économique et sociale*, 1925); Maurice VIRLOGEUX, *Quelques aspects de l'évolution des prix*, Giard, 1927.

vaincu, quant à nous, que cette voie est aujourd'hui la meilleure et que les jeunes chercheurs ont intérêt à s'y engager. Mais cela ne nous rend pas injuste pour ceux de leurs devanciers qui, moins techniquement outillés et plus ambitieux, ont eu le courageux dessein de descendre jusqu'au fond de l'âme humaine pour lui arracher le secret de la valeur.

CHAPITRE III

M. PANTALEONI ET LA THEORIE ECONOMIQUE

A quelques mois d'intervalle, — août 1923-octobre 1924, — l'Italie a perdu les deux plus illustres de ses économistes contemporains, ceux qui ont le plus contribué à développer dans ce pays, à la fin du XIXe siècle et au début du XXe siècle, le goût des études d'économie scientifique : V. Pareto et M. Pantaleoni. Pareto est bien connu en France. Ses œuvres principales ont été traduites, voire même écrites, dans notre langue, et Pareto a trouvé chez nous quelques disciples. La notoriété de Maffeo Pantaleoni auprès des économistes français est beaucoup moindre. Sans doute, on connaît son nom et quelques formules extraites de ses livres, mais personne ne nous a donné un exposé d'ensemble de son œuvre, pourtant considérable à la fois par sa valeur intrinsèque et par l'influence qu'elle a exercée.

Nous nous bornerons à essayer de marquer la position exacte de M. Pantaleoni dans le domaine de l'économie théorique (1). Nous laisserons délibérément de côté tout

(1) De ce point de vue, les œuvres essentielles de PANTALEONI sont : 1° Les *Principii di economia pura*, parus dans la collection des Manuels Barbera, 1re éd., 1889; 2e éd. ,1894. Nous désignerons les *Principii* par l'abréviation *P*. Nos citations se réfèrent à la seconde édition; 2° Le recueil de ses principaux articles d'économie théorique. Une première édition en 3 volumes a été publiée, de 1904 à 1910, sous le titre : *Scritti vari di economia*, les deux premiers volumes chez l'éditeur Cendron, à

ce qui, dans ses écrits, concerne l'économie appliquée, la science financière, les doctrines sociales. Non pas que, là encore, Pantaleoni n'ait développé des thèmes intéressants, mais ils ne présentent pas la même originalité et n'ont pas eu le même retentissement que ses analyses d'économie pure. C'est par celles-ci que Pantaleoni a chance de survivre.

Dans une célèbre leçon faite à l'Université de Genève, le 23 octobre 1897 (1), Pantaleoni lançait cette déclaration retentissante : « Je n'appartiens à aucune école. Il n'y a d'ailleurs point d'écoles en économie politique ou, ce qui revient au même, il n'y en a que deux : celle de ceux qui savent l'économie politique et celle de ceux qui l'ignorent. » Il est essentiel de déterminer tout de suite ce que Pantaleoni entendait par là : lorsque nous aurons découvert le sens exact de cette boutade, nous posséderons la clé qui nous permettra de nous orienter dans son œuvre. Comme le montre la suite de la leçon au fronton de laquelle se placent ces paroles, c'est en économie pure, et non en économie appliquée ou sociale que Pantaleoni estime qu'il faut bannir et effacer les oppositions d'écoles. Très fermement, — et, à mon sens,

Palerme, le troisième chez Castellani, à Rome. Une seconde édition en 2 volumes a été publiée en 1925, chez l'éditeur Laterza, à Bari, sous le titre : *Erotemi di economia.* Nos citations se référeront à cette seconde édition, que nous désignerons par l'abréviation *E.* Après la mort de Pantaleoni, le *Giornale degli economisti*, dont il était un des directeurs, a consacré deux numéros (mars et avril 1925) à étudier sous tous ses aspects son œuvre économique. Nous aurons souvent l'occasion de renvoyer aux articles contenus dans ces deux numéros, auxquels ont collaboré les meilleurs économistes italiens (bien que l'interprétation que nous proposons ici ne concorde complètement avec aucune de celles qu'on y trouve). Nous nous servirons des abréviations *G.*, I, pour le numéro de mars et *G.*, II, pour celui d'avril.

(1) Cette leçon fut faite en français. On en trouvera le texte italien dans le premier volume des *Erotemi di Economia*, sous le titre : *Du caractère des divergences d'opinion existant entre économistes.*

très justement, — Pantaleoni distingue en matière économique la science et l'idéal, l'explication et le jugement de valeur. Ainsi, il estime que la science n'a pas à se prononcer entre les quatre écoles sociales dont, peu de temps auparavant, les programmes opposés avaient été offerts à ses auditeurs de Genève par leurs plus éminents représentants : Ecole libérale, Ecole collectiviste, Ecole chrétienne, Ecole solidariste (1). Il s'agit là d'un conflit d'idéal qui, pour une part au moins, échappe au verdict de la science. Plaçons-nous donc, avec Pantaleoni, sur le terrain de la pure science (2). Y a-t-il, dans l'ordre de l'explication des faits économiques, des divergences irréductibles et des écoles en conflit ? Que l'unité de la science soit désirable, c'est ce que l'on accordera sans doute aisément à notre auteur, mais qu'elle existe en fait, c'est ce qui semble plus difficile à admettre. N'y avait-il pas en 1897, et n'y a-t-il pas aujourd'hui encore, quant à la méthode, deux grandes écoles entre lesquelles se répartissent les économistes : Ecole abstraite et déductive d'une part, Ecole historique et inductive de l'autre ? Et quant aux conclusions, n'est-on pas obligé, en fait, de distinguer ceux qui mettent au premier plan de l'explication les facteurs psychologiques et subjectifs de ceux qui s'attachent surtout aux éléments généraux, numériques, sociaux, de la vie économique. Ce qui rend à première vue étrange cette négation des écoles, c'est qu'au moment même où elle est décrétée par Pantaleoni, la lutte bat son plein entre historistes et déductifs comme entre classiques et Autrichiens. Mais, précisément, c'est en fonction de ces luttes qu'il faut interpréter la pensée de Pantaleoni (3). En se refusant personnellement à adhérer à aucune école, Pantaleoni prend position contre tou-

(1) *Loc. cit.*, p. 168-169.

(2) Cf. L. Amoroso, *Ce qui est science et ce qui est foi dans le domaine des doctrines économiques* (*Giornale*, juill. 1926).

(3) Cf. de Viti de Marco, *G.*, II, p. 166-167.

tes les écoles en ce qu'elles ont d'exclusif et de sectaire. Bien plus, en niant l'existence même des écoles, Pantaleoni veut faire entendre que les divergences qui les séparent sont artificielles et factices, qu'elles sont le résultat de malentendus et d'incompréhensions. D'après lui, — et c'est là l'idée fondamentale qui fera la trame de toute son œuvre, — les écoles se rejoignent et se confondent quand on interprète correctement l'apport de chacune d'elles. Et, sans doute, elles ne s'en rendent pas compte. Chaque économiste, chaque pays, chaque époque qui ont apporté leur pierre à l'édifice de la science ont une tendance naturelle à exagérer l'importance de leur contribution propre et à sous-estimer le degré de vérité des autres. Mais c'est là un travers qu'il faut savoir écarter.

N'en concluons point trop vite que Pantaleoni est un éclectique. Ce serait se méprendre sur son sentiment véritable [1]. Pantaleoni n'est pas de ceux qui croient que la vérité consiste à emprunter à chaque école un fragment de sa théorie, en rejetant le reste, pour réunir ensuite ces fragments disparates en une solution de juste milieu. Pantaleoni veut être un unificateur, ce qui est bien différent. De chaque école, il admet comme vrai non telle ou telle partie, mais l'ensemble, et s'attache à démontrer la convergence réelle de ces écoles apparemment diverses. Nous aurons à nous demander si Pantaleoni fournit vraiment la démonstration qu'il prétend apporter. En tout cas, de son point de vue, vrai ou faux, les grandes constructions économiques, classiques et modernes, vont prendre une figure nouvelle.

I. — Pantaleoni et l'Ecole autrichienne.

Au premier abord, le lecteur des *Principii* est porté à considérer Pantaleoni comme un adversaire de l'Ecole

(1) Cf., en sens contraire, U. Ricci, *G.*, II, p. 204.

autrichienne. Plusieurs notes de l'ouvrage, très acerbes, sont dirigées contre Menger et contre Böhm-Bawerk. Ceux-ci n'auraient, à en croire Pantaleoni, rien découvert de vraiment neuf. Menger serait un plagiaire des plus audacieux, que Bastiat même n'aurait pas dépassé dans son plagiat de Carey (1). Böhm-Bawerk aurait donné comme nouvelles des idées que l'on trouve déjà chez Ricardo (2) et ignorerait ce qui a été écrit en dehors de l'Allemagne (3). Revenant à Böhm-Bawerk à la fin des *Principii*, Pantaleoni rejette son explication de l'intérêt, dont il conteste à la fois l'originalité et l'exactitude (4). Il n'admet pas davantage le mode de calcul préconisé par Von Wieser pour la détermination de la valeur spécifique des divers éléments qui interviennent dans une combinaison économique (5).

Mais on aurait tort de s'en tenir à cette première impression. Pour l'atténuer, il faut tout d'abord noter que Pantaleoni, par la suite, est revenu à une appréciation plus indulgente — et plus équitable — de l'œuvre de Menger. C'est lui qui a dirigé la traduction en langue italienne des *Grundsätze*, parue comme supplément au *Giornale degli Economisti* en 1906 et 1907. Et lorsque cette traduction fut publiée en volume, en 1909, c'est lui qui en écrivit la préface. Dans cette préface (qui a été reproduite en tête de la traduction italienne de la seconde édition parue en 1925), Pantaleoni déclare que le livre de Menger, quoique écrit en 1871, est aujourd'hui encore la meilleure œuvre didactique que l'on puisse mettre entre les mains d'un néophyte désireux de s'initier à l'économie scientifique. Sans doute, les *Grundsätze* présentent des lacunes et des défauts. Mais, pour incomplète

(1) *P.*, p. 121, note.
(2) *P.*, p. 158, note.
(3) *P.*, p. 78, note.
(4) *P.*, p. 299-302. Cf. également, p. 98, note.
(5) *P.*, p. 259-260.

qu'elle soit, l'œuvre de Menger est tout entière fabriquée « d'or de vingt-quatre carats » (1), et celui qui aura d'abord appris dans Menger les éléments de la science, « s'il lui restera ensuite d'autres choses à apprendre, n'aura du moins rien à désapprendre ». Est-ce à dire qu'entre 1889, date de la parution des *Principii*, et 1909, date de la préface à la traduction des *Grundsätze*, Pantaleoni ait complètement changé d'opinion à l'égard de l'Ecole autrichienne ? Nullement, car dès 1889 son opposition est plus apparente que profonde, plus verbale que réelle (2). Lorsqu'il s'attaque aux Autrichiens, Pantaleoni leur reproche moins de dire des choses erronées que de se croire à tort des novateurs (3). Le grief essentiel qu'il a contre eux, ce n'est pas d'avoir donné à la science économique une mauvaise orientation, c'est d'avoir recueilli la gloire qui, à son avis, eût dû revenir à Gossen, à Jennings, à Jevons. Mais n'est-ce pas là admettre que l'économie psychologique et subjective, dont ces derniers ont jeté les germes que les Autrichiens ont fait fructifier, représente un progrès et exprime la vérité ?

De fait, entre les Autrichiens et Pantaleoni, entre les *Grundsätze* et les *Principii*, il existe une analogie de pensée profonde, qui apparaît dès que l'on oublie les coups de boutoir dont Pantaleoni était coutumier. Le pivot des *Principii*, c'est la théorie du degré final d'utilité (4), dé-

(1) P. XIV de l'Introduction (éd. de 1925).

(2) *Loc. cit.*, p. XIII.

(3) Quant aux théories particulières de Böhm-Bawerk sur l'intérêt et de Von Wieser sur les biens complémentaires, elles sont, en somme, des à-côtés, que n'admettent pas tous les adeptes de l'Ecole autrichienne, et qu'on ne trouve pas chez Menger. Pantaleoni peut donc les rejeter sans pour cela s'opposer à ce qui est l'apport propre et le fonds commun de l'économie autrichienne.

(4) *P.*, p. 87 et s.

duite elle-même de l'analyse des lois fondamentales de la sensibilité humaine (1), de la notion des degrés variables d'intensité d'un besoin à mesure qu'il reçoit satisfaction ou de plusieurs besoins simultanément présents. De cette notion du degré final d'utilité, Pantaleoni tire un certain nombre de conséquences critiques et constructives tout à fait comparables à celles des Autrichiens.

Au point de vue critique, c'est d'abord la dislocation de l'ordonnancement de l'économie politique telle que la comprenait Jean-Baptiste Say. De même que Menger dans les *Gründsätze*, Pantaleoni dans les *Principii* montre que si l'on envisage l'activité économique sous l'angle de l'utilité marginale, on est conduit à ne plus voir dans les théories de la production et de la répartition que des formes ou des aspects des théories de la valeur et de l'échange, et donc à regrouper ce que les économistes antérieurs avaient séparé (2). De même, la prédominance du point de vue subjectif conduit Pantaleoni, comme elle a conduit Menger, à condamner les théories qui expliquent la valeur par le travail, et plus généralement celles qui rendent compte de la valeur des biens produits par celle des biens producteurs. On sait que les Autrichiens, par un retournement complet, ramènent la valeur des biens producteurs à celle des biens produits. Pantaleoni est à cet égard sans réserve avec eux (3).

Au point de vue constructif, il serait facile également de montrer que les théories de la valeur, de l'échange, des prix, développées par Pantaleoni, sont très voisines de celles de Menger, puisque les unes et les autres sont des applications ou des prolongements de la notion d'utilité finale. En particulier, Pantaleoni insiste très fortement sur ce que les calculs et comparaisons qui interviennent dans la fixation des valeurs et des prix mettent

(1) *P.*, p. 38 et s.
(2) *P.*, p. 154-155 et p. 257.
(3) *P.*, p. 100-104 et 218-222.

en balance les appréciations de plaisir et de peine de chaque individu, et non pas les jugements de plusieurs individus différents entre lesquels, psychologiquement, il n'y a pas de commune mesure possible, pas de pont, « no bridge », comme disent les économistes de langue anglaise (1).

Il s'est même trouvé des commentateurs de Pantaleoni, par exemple le professeur U. Ricci, pour lui reprocher d'avoir trop fidèlement suivi les procédés d'exposition de Menger, d'avoir donné trop de place dans les *Principii* aux fameuses *tabellæ* de l'économiste autrichien, qui ont l'avantage d'une grande clarté, mais, qui, peut-être, ont le défaut de ne donner qu'une expression trop schématique des variations dans l'intensité des besoins. Et Ricci reproche également à Pantaleoni d'avoir adopté, pour l'analyse de l'échange entre plusieurs permutants, l'exposé de Menger et de Böhm-Bawerk plutôt que celui de Marshall (2).

*
* *

Seulement, s'il adopte en substance les thèses de l'économie marginale, Pantaleoni ne leur attribue pas du tout la même portée ni la même valeur novatrice que les Autrichiens. Ces derniers, on le sait, prétendent, par leur conception subjective de la valeur, par leur notion du degré final d'utilité, reconstruire la science sur des bases toutes nouvelles et jeter à terre l'économie classique et ricardienne. Pour Pantaleoni, il en va tout autrement. On n'est pas peu surpris, quand on lit les *Principii*, après 200 pages environ consacrées au développement d'une théorie subjective de l'utilité et de la valeur, de retomber brusquement en pleine économie classique et ricardienne et d'apprendre « que l'économie classique ou or-

(1) *P.*, p. 158, note.
(2) *G.*, II, p. 190 et 193.

thodoxe de Ricardo, Mill, Cairnes, peut seulement être changée en mieux dans la forme, mais qu'en substance la science économique reste ce que l'ont faite ces coryphées » (1). Et cette déclaration n'est pas une simple boutade. Elle exprime une conviction profonde dont on retrouve l'expression sous une forme voisine dans les écrits ultérieurs de Pantaleoni. Par exemple, lorsqu'il formule les *Règles qui doivent commander l'histoire des doctrines économiques*, Pantaleoni déclare que depuis cent ans la science n'a changé « qu'à la manière d'un jeune homme qui devient adolescent » (2), et que les principes actuellement reconnus comme vrais ont été découverts par « la lignée continue des économistes qui va de Smith à Walras et Pareto ». De même, lorsqu'il marque le *Caractère des divergences d'opinions existant entre économistes*, il aperçoit une « évolution, qui est un progrès » de l'économie ricardienne à l'économie actuelle, et affirme que « les théories ricardiennes subsistent aujourd'hui », avec seulement un domaine élargi et des compléments de détail (3).

Ainsi donc, Pantaleoni entend concilier économie moderne et économie classique, marginalisme et ricardianisme. Naturellement, cette conciliation n'est possible qu'au prix d'une interprétation très personnelle de l'économie ricardienne et classique. Cette interprétation, il nous faut maintenant l'examiner de près.

II. — Pantaleoni et l'Ecole classique.

S'agissant de l'Ecole autrichienne, nous avons vu Pantaleoni lui être en apparence hostile, et au fond adopter l'essentiel de ses thèses. A l'égard de l'Ecole classique,

(1) *P.*, p. 172, note.
(2) *E.*, I, p. 243.
(3) *Id.*, p. 170.

c'est plutôt l'inverse qui est vrai. Pantaleoni lui rend hommage et, sauf en quelques rares occasions, la couvre de fleurs, mais, en réalité, il se tient très loin d'elle, et, dans la synthèse audacieuse qu'il tente entre l'économie ricardienne et l'économie autrichienne, il ne fait place à celle-là à côté de celle-ci qu'après lui avoir fait subir un véritable travestissement.

Si l'on veut apercevoir ce qu'est exactement le classicisme économique, et en caractériser l'esprit par comparaison avec les écoles qui l'ont précédé ou qui l'ont suivi, on est, me semble-t-il, amené à y distinguer deux courants. L'un, qui est plus proprement le ricardianisme, est nettement objectiviste et se tourne, pour découvrir les lois de la valeur et des prix, du côté des conditions de l'offre et de la production. C'est, en matière de marchandises, la théorie aux termes de laquelle le prix des produits est déterminé par leur coût. Et c'est, en matière de travail, la croyance que les salaires tendent à se fixer aux environs de ce qui est nécessaire à l'entretien du travailleur. Puis il y a un second courant, que l'on peut symboliser par le nom de Stuart Mill, qui tient compte à la fois des conditions de l'offre et de celles de la demande, qui les considère comme ayant les unes et les autres une influence déterminante sur le prix. Se rangent dans ce courant la loi dite de l'offre et de la demande pour les marchandises et aussi la loi dite du fonds des salaires pour le travail humain. Assurément, les deux courants ont des points de contact et mêlent parfois leurs eaux. Il n'est pas moins nécessaire de les distinguer, car, du point de vue de l'économie subjective et psychologique, on sera enclin à les juger avec une inégale sévérité. A l'économie de l'offre et de la demande, les psychologues pourront bien reprocher de n'avoir pas assez fouillé son analyse des besoins et des désirs humains, d'être demeurée, à cause de cela, superficielle et incomplète, de n'avoir accordé à la demande qu'une attention et une place insuffisantes, mais ils ne pourront prétendre qu'elle a complètement négligé cet aspect des choses; bref, ils seront conduits à la compléter plutôt qu'à la répudier. A l'économie unilatérale de l'offre et du coût, les subjectivistes seront forcément beaucoup plus hostiles, puisqu'ils affirment que la vérité et l'explication sont très exactement dans la direction opposée à celle où on la cherchait.

Or, ce qu'il y a de curieux, et à première vue d'incompréhensible, c'est que Pantaleoni, adepte résolu de l'économie marginale, entend cependant demeurer fidèle à l'économie classique sous ses deux formes et intégrer dans sa construction économique, non seulement la pensée de Stuart Mill, mais aussi celle de Ricardo (1).

D'une part, en effet, Pantaleoni admet que l'on peut, se servant de la terminologie de Mill, dire que le prix résulte du rapport de la demande et de l'offre (2); puis, quand il s'agit de l'intérêt, explique que son taux dépend à la fois de l'utilité marginale des capitaux pour l'emprunteur et de la quantité disponible des capitaux chez les prêteurs (3); et enfin, admet et défend contre ses détracteurs la théorie du fonds des salaires (4). Sur tous ces points, Pantaleoni, on le voit, s'écarte de la pure économie marginale pour revenir à l'économie classique, mais on peut penser qu'il n'y a pas incompatibilité essentielle, qu'il y a plutôt complémentarité entre ce qu'il admet de nouveau et ce qu'il conserve d'ancien.

(1) D'après A. LORIA, PANTALEONI aurait été ricardien dans ses premiers ouvrages financiers, puis marginal dans les *Principii*, et serait redevenu partiellement ricardien dans ses articles ultérieurs. Cette interprétation me paraît moins conforme aux faits que celle proposée au texte. Cf. A. LORIA, *L'évolution mentale de M. Pantaleoni*, G., I, p. 105 et s.

(2) P., p. 197 et s.

(3) P., p. 303 et s.

(4) P., p. 350 et s. Cf. également *Teoria della Traslazione dei Tributi*, p. 291 et s.

Mais, d'autre part, portant la synthèse jusqu'au paradoxe, Pantaleoni prétend, en devenant marginal, demeurer ricardien, et, en adhérant à l'économie de l'utilité finale, réhabiliter l'économie du coût. Pour lui, en effet, utilité et coût sont deux expressions différentes de la même réalité. Et voici de quelle manière Pantaleoni présente sa démonstration dans le paragraphe 2 du chapitre III de la seconde partie des *Principii*, qui est peut-être, de tout l'ouvrage, le développement le plus original [(1)]. Soit le besoin de boire, en face duquel se placent huit doses de boisson. Si nous cherchons à mesurer l'utilité de la huitième dose (de laquelle dépendra, pour qui admet comme vraie l'économie marginale, la valeur de l'une quelconque des huit), nous nous rendrons facilement compte que cette utilité de la huitième dose peut se calculer soit par le plaisir qu'elle apporte lorsqu'on l'ajoute à une provision de sept, soit par la douleur que cause sa disparition lorsqu'on l'enlève à une provision de huit. Par ailleurs, si cette huitième dose peut être produite moyennant un sacrifice de deux heures de travail, son degré d'utilité se mesure indifféremment par la peine que s'impose l'individu en travaillant pendant deux heures au lieu de ne rien faire, ou par le plaisir dont il se prive en consacrant ces deux heures à fabriquer la huitième dose de boisson au lieu de produire tel ou tel objet apte à satisfaire un autre de ses besoins. Peine et plaisir qui, au reste, s'équivalent, puisque, comme l'ont montré Gossen et Jevons, l'*homo economicus* s'arrête dans son travail au moment précis où il y a strictement égalité entre la peine causée par ce travail et le plaisir fourni par l'objet qui en résulte. Il s'ensuit que coût de production et degré final d'utilité coïncident. « Le coût de production n'est rien de plus qu'un autre nom pour exprimer le degré final d'utilité. » Et toutes

(1) *P.*, p. 205 et s.

les propositions formulées par les économistes modernes en termes d'utilité sont également vraies transposées en termes de coût. Pour le bien montrer, Pantaleoni donne toute une série d'exemples de ces transpositions possibles (1). « Celui qui admet cela, conclut-il, doit reconnaître que les théories nouvelles de l'utilité finale ne sont qu'une démonstration, aussi inattendue qu'écrasante, de la précision, de l'élégance, de la vérité des théories de l'économie orthodoxe ou classique. » (2).

Sans doute, cette simple analyse aura suffi à montrer au lecteur l'équivoque qui se cache sous le raisonnement de Pantaleoni. Sa démonstration ne vaut que dans la mesure où l'on admet à l'expression de coût de production la signification qu'il lui donne, et qui est toute différente de celle des économistes classiques. Pantaleoni introduit dans sa construction économique la notion de coût avec une acception purement psychologique et subjective. Le coût est pour lui l'envers de l'utilité parce que, pour mesurer l'un et l'autre, c'est sous l'angle du consommateur qu'il se place, d'un consommateur qui, le cas échéant, serait également producteur.

La théorie classique du coût de production a, en réalité, un tout autre sens et un tout autre contenu. Elle signifie que l'élément décisif de la valeur des choses, dans une économie sociale fondée sur la division du travail et sur l'échange, ne doit pas être cherché du côté des appréciations subjectives des acheteurs, du côté de l'utilité que les choses ont pour le consommateur, mais du côté des producteurs, de la rémunération qu'ils reçoivent en échange du travail qu'exige d'eux la fabrication ou la transformation des choses. Aussi bien, Pantaleoni lui-même déclare qu'il faut se garder de confondre le coût

(1) *P.*, p. 209 et s.

(2) *P.*, p. 208, note. Cf. déjà sa défense de la théorie du coût de production contre les critiques de Held, dans la *Teoria della traslazione dei tributi*, p. 92 et s.

(tel qu'il l'entend) et la rémunération du coût; que ce sont là des concepts antithétiques et que le progrès industriel a souvent pour résultat de diminuer le coût en même temps que d'en accroître la rémunération. Or, dans la conception ricardienne de l'économie, c'est moins du coût physique ou subjectif que du coût économique, c'est-à-dire du montant des salaires, des intérêts et autres frais de production, que dépend le prix des objets fabriqués. Qu'elle soit vraie ou fausse, cette conception est bien réellement aux antipodes de l'économie marginale.

Ce n'est pas à dire, bien entendu, qu'il n'y ait pas lieu peut-être, dans une explication complète de la vie économique, de faire place à la fois à la notion de coût et à celle d'utilité, aux conditions de la production et à celles de la demande Mais il faudra circonscrire leurs domaines respectifs et déterminer le mécanisme de leur ajustement plutôt que d'essayer de les ramener à une unité factice. C'est en ce sens que s'orientait le grand économiste anglais Marshall au moment même où Pantaleoni écrivait ses *Principii*. Assurément, il y avait quelque chose d'analogue entre l'effort de Pantaleoni et celui de Marshall, et tous deux devaient aboutir à une position synthétique et conciliatrice de l'Ecole classique et de l'Ecole autrichienne (1). Aussi Pantaleoni fut-il tout de suite séduit par les premiers travaux de Marshall, les deux mémoires sur la théorie pure de la valeur intérieure et du commerce étranger publiés en 1879 en édition à tirage restreint, que Pantaleoni utilisa et cita longuement dans ses *Principii*. C'est en particulier à Marshall qu'il emprunta l'idée et le terme de « rente du consommateur ». Mais, en réalité, Marshall et Pantaleoni

(1) Les quelques lignes suivantes de Marshall pourraient être aussi bien signées de Pantaleoni : « Les nouvelles théories ont complété les anciennes, elles les ont étendues, développées et parfois corrigées; elles leur ont donné souvent un autre aspect en insistant d'une façon différente sur les divers points; mais elles les ont très rarement renversées. » (Marshall, *Traité*, I, p. v.)

ne comprenaient pas de la même manière la conciliation du ricardianisme et du subjectivisme, et l'écart est très sensible entre les *Principii* et le grand *Traité* de Marshall (dont la première édition parut en 1890, donc quelques mois après la première édition des *Principii*). On peut résumer d'un mot cet écart : tandis que Pantaleoni s'attache à établir qu'il y a identité entre l'économie du coût et l'économie de l'utilité, Marshall ne se dissimule pas que le coût et l'utilité sont deux éléments substantiellement différents. Ces deux éléments, Marshall croit qu'ils jouent l'un et l'autre un rôle dans la détermination de la valeur des choses et que, suivant les circonstances, c'est tantôt le premier qui prédomine, tantôt le second (1).

A Marshall convient, par suite, le qualificatif d'éclectique, que nous avons écarté pour Pantaleoni. Sa construction d'ensemble est assurément moins séduisante à première vue pour l'esprit. On peut lui reprocher d'assembler des matériaux un peu hétérogènes. Peut-être, au fond, est-elle plus solide et plus exacte.

III. — Pantaleoni et l'Ecole de Lausanne.

Dès leur publication en 1889, les *Principii* firent sensation en Italie. Nous avons des témoignages directs de l'influence qu'ils exercèrent sur quelques-uns de ceux qui devaient devenir par la suite, à leur tour, des maîtres de la science économique : Pareto, Barone, Amoroso, Cabiati. Voici ce qu'écrivait Cabiati au lendemain de la mort de Pantaleoni : « J'ai entendu pour la première fois le nom de Pantaleoni vers ma dix-septième année, quand j'étais étudiant en droit à Pavie. L'économie de L. Cossa m'attirait sans me convaincre. Je fis part de mes doutes à Hugo Mazzola, qui était alors pro-

(1) On sait que, pour MARSHALL, l'influence de l'utilité l'emporte dans les courtes périodes, et celle du coût dans les longues (*Traité*, II, p. 41).

fesseur de finances. Pour toute réponse, il me mit dans les mains les *Principii di economia pura* de Pantaleoni. Ce fut pour moi un trait de lumière... L'impression spirituelle que j'en ressentis fut profonde et décisive. » (1). Pareto, de même, a plus d'une fois reconnu tout ce qu'il devait à Pantaleoni et indiqué comment la lecture des *Principii* lui fit comprendre le caractère scientifique de l'économie (2).

Très vite épuisé, le petit livre de Pantaleoni eut une seconde édition en 1894. Mais quand celle-ci se fut épuisée à son tour, Pantaleoni se refusa à en autoriser une troisième. De l'avis de ceux qui ont approché personnellement Pantaleoni, la raison principale de cette attitude doit être cherchée dans la parution, en 1897, du *Cours* de Pareto. Pantaleoni se serait rendu compte que le *Cours*, qui complétait et prolongeait l'effort théorique de Walras et où se trouvait, pour la première fois, développée dans toute son ampleur, la notion de l'équilibre économique, représentait un effort de construction de l'économie pure plus réussi que le sien. Pantaleoni aurait eu, dès lors, un scrupule scientifique à faire rééditer une œuvre dont il n'était plus certain qu'elle exprimait la vérité (3).

A la fin de sa vie, Pantaleoni, dit-on, préparait un *Manuel* (4). Il est mort sans l'avoir achevé, en sorte que, pour connaître l'état exact de sa pensée postérieurement à 1894, nous n'avons que la ressource de nous reporter à ses articles de revue, dont les plus importants ont été réunis en volumes par ses soins. A plusieurs reprises, Pantaleoni y a été amené à exprimer son opinion sur

(1) Cité par DE VITI DE MARCO, *G.*, II, p. 168.

(2) Cf. RICCI, *Pareto et l'économie pure* (*Giornale*, janv.-févr. 1924). Cf. également l'article de RICCI sur Pantaleoni dans la *Riforma sociale*, nov.-déc. 1924.

(3) Cf. L. AMOROSO, *G.*, I, p. 117.

(4) Cf. G. DEL VECCHIO, *G.*, I, p. 111.

l'Ecole de Lausanne et sur les théories de l'équilibre. En essayant de définir d'une manière précise sa position sur ce point, nous achèverons de faire le tour des idées maîtresses de Pantaleoni en matière de théorie économique.

Pantaleoni n'a jamais manqué de parler avec beaucoup d'estime et d'admiration des protagonistes de l'Ecole de Lausanne : Walras et Pareto. A ceux qui manquaient de la préparation nécessaire pour comprendre les œuvres ardues de Pareto, il recommandait de se reporter d'abord au *Manuel* de Barone, qui, sous une forme plus simple, exprime la même conception générale de l'économie (1). Il lui est même arrivé parfois de sembler mettre la théorie de l'équilibre économique nettement au-dessus de celle de l'utilité marginale, qui, comme nous l'avons vu, commandait la structure des *Principii.* C'est ainsi que, dans l'étude : *Une vision cinématographique de la science économique* (1870-1907), après avoir proclamé que les coryphées de la théorie générale de l'équilibre économique (parmi lesquels, à côté de Walras et de Pareto, il est à noter qu'il place Marshall, Edgeworth et Irving Fisher) sont à mettre au niveau des plus grands (2), il mentionne Jevons et Menger comme ayant été seulement leurs précurseurs au même titre que la lignée des ricardiens et déclare que l'étude des fonctions de l'utilité et du coût, à laquelle ces précurseurs se consacraient plus spécialement, ne fournit qu'un seul genre entre beaucoup d'autres parmi l'infinité des conditions qui concourent à la détermination de l'équilibre économique (3). La notion de l'équilibre serait, par conséquent, supérieure à celle de l'utilité ou à celle du coût, par le fait qu'elle engloberait un plus grand nombre d'éléments de la vie

(1) Cf. son Introduction à l'édition italienne des *Grundsätze* de MENGER, p. XIV.
(2) *E.*, I, p. 200.
(3) *Id.*, p. 201.

économique, qu'elle donnerait une meilleure idée de l'ampleur et de la complexité du mécanisme économique.

Mais, au fond, Pantaleoni demeura toujours fidèle à la notion de l'utilité marginale et à la conception subjective et psychologique de l'économie. Et il n'y a pas contradiction, dans sa pensée du moins, entre le culte qu'il conserve pour ses premières amours et l'adhésion qu'il donne aux théories nouvelles de l'Ecole de Lausanne. Car, unificateur là encore, Pantaleoni pense qu'il y a à peu près identité entre l'économie de la valeur et l'économie de l'équilibre. Dans l'article : *Des règles qui doivent commander à l'histoire des doctrines économiques* (1), Pantaleoni développe cette thèse, et il y revenait, en 1913, dans une leçon d'ouverture sur la *Définition de l'économie* (2). Dans la première de ces études, Pantaleoni explique que, si l'on construit l'économie comme un système de forces, on doit se souvenir que les forces dont il s'agit sont des manifestations du concept de valeur. Inversement, si l'on construit l'économie comme une science de la valeur, on ne tardera pas à s'apercevoir que les individus, mus par le désir de rendre maximum le plaisir et minima la douleur, continueront leurs mouvements jusqu'à ce que soit atteinte une position d'équilibre (3). Ainsi donc, l'hédonisme bien compris conduit à l'équilibre, comme l'équilibre suppose l'hédonisme. Pantaleoni ne s'est pas borné à cette affirmation générale. Lorsqu'il étudie *Quelques phénomènes de dynamique économique* et qu'il soutient que par « l'éthique du prix juste » on est fatalement entraîné en dehors de la sphère de l'économie politique, il présente sa démonstration successivement en termes d'équilibre et en termes d'utilité marginale, et montre que par les deux voies on aboutit à la même conclusion (4).

(1) *E.*, I, p. 223 et s.
(2) *E.*, p. 1 et s.
(3) *E.*, I, p. 244.
(4) *E.*, II, p. 91-100.

En quelques autres passages, Pantaleoni s'avère même si profondément attaché à l'économie de l'utilité qu'il semble bien que c'est encore elle qui conserve ses préférences intimes et que, s'il fallait à tout prix opter, ce n'est pas à la conception de l'équilibre qu'irait son choix. Sans doute, il ne nie pas que l'économie de l'équilibre a l'avantage de donner une vision plus large, de mieux montrer l'interdépendance de tous les phénomènes économiques. En apercevant l'identité des conditions de cet équilibre économique avec celles de l'équilibre mécanique, on obtient une « vision originale et d'une simplicité grandiose » (1), qui dépasse en étendue et en unité les cadres mêmes de la science économique. Mais l'économie de la valeur, en réduisant tous les problèmes économiques aux données simples de la psychologie individuelle, aboutit, elle aussi, à une vision d'une élégante simplicité. Et l'économie psychologique garde cette supériorité qu'elle ne reste pas à la surface des choses, qu'elle ne nous éclaire pas seulement sur leur « comment », mais encore sur leur « pourquoi ». Aussi, dans l'article nécrologique consacré à Pareto (2), — qui est un des derniers travaux sortis de sa plume, — tout en décernant à la personne et à l'œuvre de Pareto les plus grands éloges, Pantaleoni lui reproche-t-il d'avoir abandonné la psychologie pour se borner à l'étude des courbes de choix. On sait que les disciples orthodoxes de Pareto considèrent que ce fut là précisément le coup de génie de leur maître, qui lui permit de transformer l'économie politique, jusque-là discipline subjective et conjecturale, en une science objective et précise. Bien loin de voir dans ce changement un progrès, Pantaleoni craint qu'il n'entraîne une véritable régression.

L'adhésion à l'économie de l'équilibre ne doit donc pas

(1) *E.*, I, p. 244-245.

(2) *A l'occasion de la mort de Pareto : Réflexions* (*Giornale*, janv.-févr. 1924).

faire oublier ou mépriser les résultats de l'effort des économistes antérieurs. Elle ne doit pas davantage être un mol oreiller qui dispenserait les économistes de demain de tout nouvel effort. A ceux-çi incombe la tâche de parfaire et de compléter le schéma de l'équilibre magistralement élaboré par Pareto. Et Pantaleoni leur indique, en s'y engageant lui-même, les directions où ils trouveront le plus à glaner. A la considération de l'équilibre général doit venir s'ajouter celle des équilibres particuliers. Et à l'étude de l'économie statique celle du dynamisme social.

1° Une fois que l'on a admis comme une vérité incontestable que l'interdépendance économique n'a point de limites théoriques, et que le prix d'une marchandise est fonction du prix et des quantités de toutes les autres, si l'on veut pousser l'analyse plus loin, il est nécessaire de limiter le champ d'investigation et de ne plus retenir, parmi toutes les conditions du phénomène, que le groupe de celles qui exercent sur lui une influence très notable. On passe ainsi de la notion d'équilibre général à celle, plus restreinte mais peut-être plus féconde, d'équilibres particuliers. Pantaleoni y apporte une contribution personnelle importante par sa théorie des familles de biens. Dans l'article : *Une vision cinématographique de la science économique* (1), et surtout dans son *Cours* de 1903-1904 à l'Université de Rome (2), Pantaleoni a posé les principes de cette théorie. Sans entrer dans le détail de son exposé, indiquons simplement que Pantaleoni propose une classification systématique des liens qui unissent entre eux certains biens : 1° liens d'instrumentalité, entre deux biens dont l'un sert à produire l'autre (par

(1) *E.*, I, p. 189 et s.

(2) U. Ricci nous a fort opportunément donné un résumé de ce *Cours* dans le bel article qu'il a consacré à *Pantaleoni et l'Economie pure*, *G.*, II, p. 178 et s.

exemple, blé et farine); 2° liens de complémentarité, entre deux biens qui servent l'un et l'autre à obtenir le même produit (par exemple, four et farine); 3° liens de concurrence, entre deux biens qui emploient la même matière première (par exemple, navire en bois et fourneau à bois); 4° liens de substitution, entre deux biens qui sont susceptibles de satisfaire le même besoin (par exemple, gaz et pétrole); 5° liens de jumellation, entre deux biens qui résultent du même processus de production (par exemple, gaz et coke) (1). Pantaleoni analyse avec beaucoup de subtilité ces divers types de familles de biens et il fait rentrer dans cette étude, selon son habitude, des faits et des principes qui y semblent, à première vue, bien étrangers. Ainsi, la loi d'indifférence de Jevons et la théorie du coût de reproduction de Ferrara sont ramenées à la loi de substitution de Marshall et de Böhm-Bawerk, pour cette raison qu'il n'y a pas de biens plus aisément remplaçables l'un par l'autre que deux unités strictement identiques d'un même bien.

2° Quand il place au premier plan de ses préoccupations les liens particuliers entre certaines catégories de biens, Pantaleoni demeure encore en un sens fidèle à l'idée d'équilibre, à laquelle il donne seulement une sphère d'application plus restreinte et un contenu plus précis. Il s'en écarte davantage, ou plutôt il la complète plus hardiment, lorsque, à côté de l'économie statique construite sur la notion de l'équilibre, il essaie d'élaborer les premiers principes d'une économie dynamique. Dans un important essai : *De quelques phénomènes de dynamique économique* (2), Pantaleoni distingue deux espèces de phénomènes dynamiques : 1° ceux qui ont pour résultat un retour à l'équilibre primitif ou à

(1) *Id.*, p. 202-204.
(2) *E.*, II, p. 75 et s.

un équilibre voisin du primitif; 2° ceux qui ont pour effet une agitation continue, un déséquilibre qui demeurera sans fin ou qui aboutira à un système extra-économique. Ce sont les faits dynamiques du second genre qui ont été jusqu'à présent le moins étudiés. Pourtant ils existent; leur importance est grande; et ils altèrent profondément la structure économique des sociétés.

Quand on pénètre avec Pantaleoni dans l'examen de ces faits de dynamisme du second genre, on voit qu'ils ont généralement pour cause le fait que l'homme concret, l'homme réel, ne se conduit pas toujours dans la vie comme se conduirait l'*homo economicus*. Ainsi il y a dynamisme et déséquilibre continu lorsque les hommes essaient de soumettre la vie économique à des règles dérivées de la morale et s'efforcent de substituer au prix économique le prix politique (1), au prix spontané le juste prix. Bref, — et ici s'esquisse à nouveau le rapprochement entre l'économie hédonistique et l'économie de l'équilibre, — si les hommes agissaient en parfaits hédonistes, il n'y aurait dans la vie sociale que des déséquilibres passagers et rapidement corrigés.

L'existence et la persistance du déséquilibre dans la vie sociale réelle dénote, par conséquent, l'impuissance de l'*homo economicus* à exprimer la psychologie véritable et complète de l'homme réel. Et l'on pourrait être tenté de penser que par là va être sérieusement ébranlée l'économie hédonistique. Mais il faut bien comprendre que jamais Pantaleoni, pas plus dans les *Principii* que dans ses autres écrits, n'a présenté l'hédonisme comme autre chose que comme une simple hypothèse. Il reconnaissait expressément qu'il y avait un écart sensible, variable d'ailleurs suivant les époques, entre cette hypothèse et la réalité. Il avouait, par conséquent, que les théories d'éco-

(1) Cf. son étude, *Considerazione sulle proprieta di un sistema di prezzi politici* (*Giornale*, févr. 1911), recueillie dans le volume *La fine provissoria di un epopea*, Bari, Laterza, 1919.

nomie pure ne valaient point telles quelles pour l'explication de l'homme réel. Ainsi, dans un article de 1910, il signale que la psychologie des hommes très riches, comme celle des hommes très pauvres, diffère totalement de celle de l'*homo economicus*, laquelle, par suite, ne traduit la conduite de l'homme réel que pour les couches de revenus moyens (1). De même, dans l'étude consacrée au *Caractère des divergences d'opinions existant entre économistes*, Pantaleoni reconnaît que l'économique ne donne nullement la loi de l'histoire universelle. A côté des faits économiques (rapports contractuels) il y a les faits politiques (actes de violence) et les faits de tutelle (relations de famille, de vainqueurs à vaincus, de riches à pauvres). Les forces économiques ne sont ni seules agissantes, ni toujours prédominantes (2).

Et pourtant, Pantaleoni continue de penser que le recours à l'hypothèse hédonistique, et l'élaboration sur cette base d'une économie pure, sont encore les meilleurs moyens d'arriver à élucider les faits économiques réels. C'est sans doute que, comme tous les partisans de la méthode abstraite en économie politique, il ne croit pas possible d'induire directement les lois économiques du spectacle de l'activité de l'homme concret. Mais c'est aussi que, malgré tout, s'agissant du moins de nos sociétés occidentales modernes, filles de la Révolution de 1789, et fondées sur le régime juridique individualiste, l'hypothèse hédonistique lui paraît, de toutes les hypothèses possibles, celle qui se rapproche le plus de la réalité. C'est pourquoi il la conserve comme pivot de l'explication des faits économiques, sauf à la compléter par l'étude des cas de déséquilibre et des faits de dynamisme pour prendre une vue complète de la réalité sociale.

(1) *Identita di pressione teorica del imposta* (*Giornale*, mars 1910, p. 294).

(2) *E.*, I, p. 184-187.

*
* *

On comprend maintenant pourquoi Pantaleoni affirmait avec tant de netteté qu'il n'y a point d'écoles en économie politique. Sa préoccupation constante a été, en effet, de réconcilier toutes les écoles en montrant qu'elles étaient substantiellement identiques. Mais cela n'empêche pas qu'au fond Pantaleoni lui-même appartenait bien à une école. Pour ce qui est de la structure de l'économie, s'il a tenté de conserver et de réhabiliter les théories classiques, et s'il a admis l'économie de l'équilibre, c'est bien cependant à l'économie hédonistique seule qu'il a fait acte d'adhésion vraie et complète. Et pour ce qui est de la méthode, s'il a reconnu la nécessité de ne passer qu'avec prudence de l'*homo economicus* à l'homme réel, et d'adjoindre à l'étude des équilibres statiques celle du dynamisme social, il n'en a pas moins maintenu que le meilleur moyen d'expliquer la vie économique était de construire d'abord une économie pure, fondée sur l'hypothèse de l'*homo economicus*.

Il faut donc distinguer ce que Pantaleoni a cru être et ce qu'il a été réellement. Il a voulu être un unificateur, qui s'élève et se place au dessus des divergences d'écoles. Il a été un adepte de l'économie hédonistique et de la méthode abstraite.

De là dérivent les faiblesses de son œuvre.

D'une part, Pantaleoni a échoué dans son essai de démonstration de la convergence réelle des grands systèmes économiques, puisque, nous l'avons montré, il ne les a conciliés qu'au prix d'interprétations arbitraires qui déformaient certains d'entre eux pour les rapprocher à toute force d'un autre. L'économie classique et ricardienne, Pantaleoni ne la conserve qu'en lui donnant un sens subjectif qui est à l'opposé de la pensée de ses auteurs. L'économie de l'équilibre, Pantaleoni ne l'admet qu'après avoir écarté ce qu'elle a de plus significatif : la substitution de l'étude objective des courbes de choix à l'étude subjective des plaisirs et des peines.

D'autre part, l'interprétation que Pantaleoni nous offre de la vie économique demeure unilatérale et incomplète, dans la mesure où elle reste dominée par le point de vue exclusif de l'économie subjective et abstraite. Cela est particulièrement visible lorsque Pantaleoni abandonne l'exposé des thèmes économiques généraux et éternels pour aborder les problèmes de l'économie moderne. C'est là, de toute son œuvre, la partie la plus fragile. Quand il analyse le développement des coopératives et qu'il essaie de montrer qu'elles n'apportent dans l'organisation économique aucun principe original (1), quand il étudie les groupements et syndicats de producteurs et qu'il n'y découvre aucune tendance au monopole, mais simplement la préoccupation de donner à l'entreprise les dimensions qui lui conviennent le mieux (2), Pantaleoni laisse évidemment échapper ce qu'il y a de caractéristique et de nouveau dans ces faits essentiels de l'économie contemporaine (3). Or, il faut sans doute rendre responsable de cette faiblesse la méthode et la conception économique générale de Pantaleoni. Le développement moderne de l'économie collective et publique nous éloigne chaque jour davantage de l'hypothèse de l'économie hédonistique individuelle sur laquelle est fondée l'économie pure de Pantaleoni. Notre auteur s'en rend compte, mais au lieu d'abandonner cette économie pure, soit pour choisir parmi les autres « sciences du possible » un principe plus adéquat à la réalité d'aujourd'hui, soit pour construire par la méthode positive une science économiste réaliste, Pantaleoni demeure fidèle à l'économie

(1) *E.*, II, p. 120 et s.
(2) *Ibid.*, p. 251 et s.
(3) Cf. à cet égard les très justes remarques d'A. Loria, *G.*, I, p. 108. — Cf. également R. dalla Volta, *G.*, I, p. 130.

hédonistique et à l'hypothèse de l'*homo economicus*. Tout ce qui s'en écarte est pour lui exception et déformation. A la rigueur, il admet que la sociologie doive étudier ces exceptions et ces déformations comme des faits objectifs. Il maintient que la science économique, en tant que telle, ne peut y voir que des cas tératologiques. Et l'on saisit chez Pantaleoni, mieux peut-être que chez aucun autre, comment une méthode trop purement déductive conduit fatalement à une vision incomplète de la réalité.

Il n'en reste pas moins qu'il y a beaucoup à retenir de la pensée de Pantaleoni. Comme les Autrichiens, il a analysé avec une extrême finesse tout le côté subjectif de l'activité économique, tout ce qui, en elle, est fonction de la psychologie humaine, des goûts, des désirs, des besoins. Même lorsqu'il se trompe, Pantaleoni est encore profitable à méditer. Il y a tant de subtile élégance dans ses développements, tant d'imprévu dans ses rapprochements, tant de vigueur dans son argumentation, que sa lecture est une excellente gymnastique intellectuelle. Et les *Principii* sont à mettre, à côté des *Grundsätze* de Menger, au premier rang des ouvrages dont il faut conseiller l'étude à ceux qui veulent s'initier à l'économie scientifique.

TABLE DES MATIÈRES

DEUXIÈME PARTIE

14.672. — Bordeaux, Imprimerie CADORET, 3, place Saint-Christoly. — 1928.

www.ingramcontent.com/pod-product-compliance
Ingram Content Group UK Ltd.
Pitfield, Milton Keynes, MK11 3LW, UK
UKHW022016170726
13837UKWH00001B/211